Der Mittelmeer-Garten

Thomas Drexel

Der Mittelmeer- Garten

Mediterranes Flair im eigenen Garten

Planen, gestalten und pflanzen

Das richtige Ambiente schaffen

AUGUSTUS

Danksagung

Der herzliche Dank des Autors gilt all denjenigen Personen und Unternehmen, die in irgendeiner Weise – sei es durch Informationen, die Bereitstellung von Abbildungen bzw. ihre Bereitschaft zur Zusammenarbeit – zum Entstehen dieses Buches beigetragen haben. Ihre Namen und Anschriften sind im Bezugsquellennachweis am Ende des Buches im Einzelnen aufgeführt. Ferner danke ich im Besonderen den Familien Bachfischer und Degrugillier sowie den Firmen Blumen an der Grotte, Country Garden, Habitat, Baumschulen Heim, Hofart, Unopiù und Weishäupl herzlich für ihr Einverständnis zu den Fotoaufnahmen bzw. die Überlassung von Fotografien. Die Bezugsadressen mit Zuordnung der im Buch enthaltenen Abbildungen finden sich im Bezugsquellen- und Abbildungsverzeichnis.

Die Deutsche Bibliothek - CIP-Einheitsaufnahme

Drexel, Thomas:
Der Mittelmeer-Garten : mediterranes Flair im eigenen Garten ; planen, gestalten und pflanzen ; das richtige Ambiente schaffen / Thomas Drexel. - München : Augustus, 2000
    (Gartenpraxis)
ISBN 3-8043-7120-5

Augustus Verlag, München 2000
© Weltbild Ratgeber Verlage GmbH & Co. KG
Alle Rechte vorbehalten
Umschlaggestaltung: Vera Faßbender, Augustus Verlag
Umschlagfotos: Mein Schöner Garten/Stork (vorne groß);
F. Hecker (vorne klein); Steffan & Steffan (hinten)
Satz und Layout: Gesetzt aus der The Mix Light 9/12 Punkt,
von Imprint Verlagsservice, Augsburg
Reproduktion: Repro Mayr, Donauwörth
Druck und Bindung: Offizin Andersen Nexö, Leipzig
Gedruckt auf umweltfreundlich chlorfrei gebleichtem Papier
Printed in Germany

ISBN 3-8043-7120-5

Einleitung

Die Faszination mediterraner Gärten

Seit Jahrhunderten gelten die Gartenanlagen im Süden Europas als der Inbegriff mediterranen Lebensgefühls. Die Parks der italienischen Villen waren seit der Blütezeit der Medici die vielfach kopierten Vorbilder für die Gärten europäischer Adelshäuser. Ihre Blüte erlebte diese Gartenkunst im 16. und 17. Jahrhundert, als die Gärten der toskanischen Villen – beispielsweise der Palazzo Pitti, die Villen Il Trebbio, Pratolino, La Petraia, die Parks der Villa d'Este bei Tivoli und der Villa Medici bei Rom – entstanden. Auch die teils erst im 19. Jahrhundert wiederentdeckten oder wiederhergestellten arabisch beeinflussten Gärten Spaniens mit der berühmten Alhambra von Granada und den Gärten Mallorcas (Alfabia, Sa Raixa) üben immer größere Anziehung auf Besucher aus.

Mit der Kenntnis des mediterranen Lebensstils wächst aber nicht zuletzt auch das Interesse an den ländlichen Hausgärten der südlichen Traumregionen, so Italiens, Spaniens und Südfrankreichs. Aufgrund ihrer überschaubaren Dimensionen liefern sie hervorragende Anregungen für die eigene Gartengestaltung, die sich besonders gut in nördliche Gefilde übertragen lassen. Die Faszination all dieser Gärten beruht ganz besonders auf den typischen Pflanzen des Mittelmeerraums, so etwa Zitrusgewächse, Feigen, Oleander und Lavendel.

Um die Herkunft und die Entstehungsbedingungen mediterraner Gärten verstehen zu können, werden zunächst die ihrer Planung zugrunde liegenden Gestaltungsprinzipien erläutert. Es wird gezeigt, welche Kennzeichen südländische Gärten aufweisen, welche verschiedenen Formen dabei unterschieden werden können und wie sich diese historisch entwickelt haben.

Da Haus und Garten im Mittelmeerraum nicht zuletzt wegen der meist höheren Temperaturen funktional besonders eng verbunden sind und vielen Häusern dort schön gestaltete Sitzplätze zugeordnet sind, werden die hier vorliegenden Wechsel-

Warme Erdfarben, Terracottagefäße und berauschend duftende Gewächse bestimmen den Charme mediterraner Gärten.

beziehungen in einem separaten Abschnitt betrachtet. Die typisch mediterranen Pflanzen mit ihren spezifischen Ansprüchen haben oft seit langer Zeit große Bedeutung als landschaftsgestaltende Elemente, als Gartenschmuck, in Kunst und Mythologie. Daher werden einige der verbreitetsten Gewächse in einem eigenen Abschnitt in ihrer Bedeutung für Kultur und Landschaft des Mittelmeerraums dargestellt.

Provencalischer Hausgarten mit Schwertlilien und wildem Wein.

Den Süden nach Hause holen

Die Übertragung mediterraner Elemente in den durchschnittlichen mitteleuropäischen Hausgarten bedarf einiger Vorkenntnisse, um tatsächlich südländisches Flair zu erzeugen und um an der Anlage auch lange Freude zu haben. Im praktisch orientierten Hauptteil des Buches erfährt der Leser deshalb alles Wissenswerte über die fachgerechte Anlage eines Mittelmeergartens. Mit den hierin enthaltenen Informationen wird der Leser in die Lage versetzt, Mittelmeeratmosphäre im eigenen Garten zu schaffen. Schon die spezifischen Ansprüche südlicher Pflanzen an Klima, Wasser und Boden

machen eine intensive Vorbereitung unerlässlich.
Die stil- und stimmungsvolle Planung von Wegen, Mauern und Sitzplätzen sollte ebenso wenig dem Zufall überlassen werden. Das notwendige Grundwissen vermittelt dieses Buch in übersichtlicher Form, mit fachlich zuverlässigen und allgemeinverständlichen Beschreibungen.
Da mancher Gartenbesitzer zunächst einmal vor der Frage steht, wie er die Planung seines „Stück Mittelmeers" angehen soll, widmet sich dieser Ratgeber ausführlich allen Aspekten der Gestaltung. Welchen Gartentyp, welche Gestaltungselemente wählen wir aus, welche baulichen Details tragen

zum Entstehen eines mediterranen Gartens bei, wie zeichne ich eine Planskizze und viele andere Fragen mehr werden beantwortet. Ein weiterer Abschnitt wendet sich der Frage zu, welche Materialien zur Gestaltung und Gliederung der Gärten, etwa beim Bau von Mauern und der Anlage von Wegen, eingesetzt werden können. Daran schließen sich eine Reihe von praktischen Gestaltungsbeispielen an – Bau von Backstein- und Natursteinmauern, Anlage von Treppen und Wasserbecken, Verlegung eines Pflasters beim Sitzplatz –, die hervorragende Beispiele für die Umsetzung im eigenen Garten liefern.

Um die mediterrane Atmosphäre richtig genießen zu können, muss diese mittels passender Pflanzen geschaffen und gestaltet werden. Neben Tipps zum Aussehen, zu den Eigenschaften und Ansprüchen der Pflanzen wird auch auf ihre besonderen Verwendungsmöglichkeiten hingewiesen. Viele praktische Vorschläge zur Kombination verschiedener Mittelmeerpflanzen können im eigenen Garten einfach verwirklicht werden.

Eigene Kapitel sind zum einen den auch in unseren Breiten winterharten Gehölzen und Stauden, zum anderen denjenigen mediterranen Pflanzen gewidmet, die in Gefäße gepflanzt und in geschlossenen Räumen überwintert werden müssen. Auch die Pflege der sonnenliebenden Gewächse kommt eingehend zur Sprache. Viele stilvolle Pflanzgefäße aus Ton, Holz und anderen Materialien, die den eigenen Mittelmeergarten bereichern, werden einschließlich Bezugsadressen vorgestellt. Leser, die keinen „richtigen" Garten ihr eigen nennen, erfahren, wie sich auch auf kleinen Balkonen und Dachgärten eine schöne mediterrane Atmosphäre schaffen lässt. Hierin enthalten sind Tipps zu kreativen und ungewöhnlichen Nutzungsmöglichkeiten, zur besseren Ausnutzung des vorhandenen Raums und Vorschläge für Bodenbeläge mit Mittelmeercharakter.

Da ein stilechter mediterraner Garten nicht zuletzt von seiner Aufenthaltsqualität lebt, ist diesem Thema ein eigenes Kapitel gewidmet. Zum einen erhalten die Leser darin praktische Tipps zur Schaffung mediterraner Sitzplätze mit stilvollen Tischen, Stühlen, Bänken und Ausstattungsgegenständen. Zum anderen finden sich verschiedene Ratschläge für raumwirksame Gestaltungsmöglichkeiten, die das südliche Gartenerlebnis noch zusätzlich verschönern.

Diese unvermörtelte Natursteinmauer aus Tuffsteinquadern schafft einen stimmungsvollen Sitzplatz im Schatten.

Die Vorbilder: Gärten im Süden

Der mediterrane Garten – Kennzeichen und Gestaltungsmerkmale

Schon die reine Ausdehnung des mediterranen Raumes, das heißt im Grunde aller Länder und Regionen, die eine Mittelmeerküste besitzen, macht die Schwierigkeit einer Definition des mediterranen Gartens klar. Ebenso wenig, wie es „den" mitteleuropäischen Garten gibt, lässt sich der mediterrane Garten mit wenigen Worten allgemeingültig beschreiben. So wiesen die Parks großer Villen äußerst durchdachte Gestaltungskonzeptionen auf, andere Gärten von Adeligen bzw. wohlhabenden Bürgern nahmen einen Teil dieses Gestaltungskanons auf. Parkanlagen von Villen antworteten auch im mediterranen Raum stets stärker auf die gesamteuropäische Entwicklung in der Gartenkunst, was sich natürlich auch in der Auswahl der – keineswegs nur im mediterranen Gebiet heimischen – Pflanzen widerspiegelte. Ein wichtiger Grund hierfür war

Dieser Innenhof im Generalife, Granada, zeigt einige typische Kennzeichen mediterraner Gärten in vollendeter Form: Schaffung von stimmungsvollen Räumen, Raumgliederung durch Pflanzen und Mauern, Wasserspiele sowie reizvolle Durchblicke.

die Internationalität des Adels, der auch auf dem Gebiet der Gartengestaltung stets bestrebt war, zeitgenössisch wichtige Einflüsse aufzunehmen und hierfür die

besten Gartengestalter zu gewinnen. Dagegen waren natürlich die Gärten von kleinen Landgehöften mehr durch die endemischen, also regional vorkommenden,

Überwachsener Bogengang in Granada.

den nun allerdings oft in erfrischend neue gestalterische Zusammenhänge gesetzt. So ist des Öfteren zu sehen, wie etwa bestehende Lavendelfelder und Olivenbäume als Bestandteile der Gartenanlage genutzt und mit künstlich angelegten Architekturelementen – Mauern, Steintore, Säulen etc. – oder mit speziell ausgesuchten Gartenpflanzen kombiniert werden

Die Bedeutung von Licht

Jedem aufmerksamen Besucher mediterraner Gärten ist offensichtlich, welch zentrale Bedeutung die Sonne dort als licht- und wärmespendende Kraft hat. Während ein englischer Garten für den Gartenliebhaber durchaus auch mit Nebelschleier seinen Reiz hat, verbindet man mit dem Mittelmeergarten in weit stärkerem Maße Wärme und Sonnenschein. Und obgleich die Vorstellung vom fast immer schönen und milden Klima nur auf relativ wenige Bereiche des europäischen Südens – etwa Südspanien und die Balearen – zutrifft, übertrifft die Sonnenscheindauer im mediterranen Bereich bei weitem die von anderen Gegenden gewohnten Verhältnisse. Dies ist natürlich die

Gewächse geprägt und in erster Linie ursprünglich auf die bäuerliche Nutzung und die Ernährungssicherung hin ausgerichtet. Meist wiesen sie nur einen recht kleinen Gemüse-, Kräuter- und Blumengarten auf. Allerdings haben sich im Laufe der Zeit zahlreiche Mischformen entwickelt, die Grundelemente guter mediterraner Gartenplanung haben

sich bis heute in den Privatgärten verbreitet und ausdifferenziert.
Bei der Betrachtung von Gärten, die im mediterranen Raum seit dem 19. Jahrhundert angelegt worden sind, ist sowohl die Anwendung vieler neuer Gestaltungsideen als auch die intensive Verwendung regionaltypischer Pflanzen festzustellen. Diese regionalen Arten wer-

Grundbedingung für die typisch mediterrane Pflanzenwelt. Ferner eröffnet aber der intensive Sonnenschein im Süden auch vielfältige Möglichkeiten für den gestaltenden Umgang mit Licht und Schatten. Die sich hieraus auch für unseren Hausgarten ergebenden Möglichkeiten sind auf Seite 20 beschrieben.

Der Garten als Wohnraum

Aufgrund des milderen Klimas sind mediterrane Gärten häufiger als Lebensraum unter freiem Himmel konzipiert als solche in nördlicheren Gebieten. Hieraus folgt, dass Blickbezüge und Raumwirkungen in der Planung eines schönen mediterranen Gartens besondere Berücksichtigung erfahren. Dies kann etwa durch die gekonnte Staffelung von Gehölzen geschehen, die Durchblicke eröffnen und Torwirkungen entstehen lassen.

Eine Sonderform sind überwachsene Laubengänge, die gemauerte Bogengänge nachahmen. Sie können durch Schnitt oder mit Hilfe von Rankgerüsten gebildet werden. Pergolen aus Holz oder anderen Materialien beschatten oft Ruhezonen und Aufenthaltsräume, de-

Der von Rose und Oleander eingerahmte Sitzplatz vor dem alten provencalischen Landhaus lädt zum Bleiben ein. Ein Wilder Wein bildet den perfekten Hintergrund.

Gartenerlebnis auf einer mediterranen Terrasse mit stimmungsvollem Ambiente.

*Terrassenmäuerchen aus Naturstein lassen, wie hier in einem süd-
französischen Hausgarten, Pflanzen in den Fugen wachsen.*

nen für das Leben im Freien besondere Bedeutung zukommt.

Natursteinmauern, z. B. aus Sandstein, Tuffstein oder frostharten Ziegelsteinen, schaffen zusätzliche Ebenen und reizvolle Terrassenstrukturen. Die gestalterisch begründete Terrassierung von Hängen und ansteigenden Bereichen in Gärten und Parks geht auf die seit Jahrtausenden im Mittelmeerraum üblichen Bewirtschaftungsformen zurück. Um auf den zahlreichen geneigten Flächen den Anbau von Oliven, Wein, Mandeln und anderen Gewächsen zu ermöglichen, war für die Bauern die Schaffung künstlicher Geländeplateaus unerlässlich. Insofern ist die Wiederaufnahme dieses Gestaltungselements in heutigen Gärten auch ein Stück mediterraner Kulturlandschaft.

Materialien im Einklang mit der Natur

Nicht zu vernachlässigen ist die Bedeutung, die Naturmaterialien in der Gestaltung von Wegen und Sitzplätzen haben. Beläge mit Naturstein- oder Tonplatten,

aber auch Feldsteinen sind – vor allem bei einfacheren bzw. ländlichen Anwesen – in Gärten des Mittelmeerraums häufig anzutreffen. Dies gilt natürlich in besonders starkem Maß für bergige Gegenden mit großen Natursteinvorkommen, wie sie etwa im italienischen Appennin oder dem südfranzösischen Luberon vorliegen. Insbesondere in Parks, sowohl auf Hauptwegen als auch zwischen beschnittenen Parterres, finden sich eher gekieste Flächen. In Landschaftsgärten werden zwischen den Bäumen und Sträuchern sogar oft nur schmale, organisch geformte Wege freigemäht, um den natürlichen Charakter der Anlage zu erhalten und hervorzuheben.

Säulen, Statuen und andere Skulpturen verstärken, wenn sie geschmackvoll und zurückhaltend eingesetzt werden, die Wirkung eines mediterranen Gartens. Dies liegt nicht zuletzt darin begründet, dass diese Elemente den Bogen zurück zur Renaissance und von dort zur römischen Antike schlagen – Zeiträume und Kulturen, die im mediterranen Bereich auch besondere Glanzzeiten der Gartenkunst waren. Gewächse in Tongefäßen geben Sitzplätzen Begrenzung und Atmosphäre. Zudem schaffen sie in vielen Fällen sanfte Übergänge zwischen dem Sitzplatz und dem eigentlichen Gartenbereich. Oft sind zwei dekorative Kübelpflanzen links und rechts von Durchgängen postiert und betonen so den entstehenden Durchblick. Entlang von Wegen können sie kleine Alleen bilden. Zu mehreren als Säulenbekrönungen auf Terrassen eingesetzt, dienen sie dazu, vorhandene architektonische Qualitäten und Geometrien – beispielsweise von Fassadengliederungen – zu betonen.

Die Einheit der Materialien lässt Hausmauern, Hochbeete und Wegbeläge zu einer Einheit verschmelzen – hier im alten toskanischen Dörflein „Il Borro", das von der FamilieFerragamo beispielhaft restauriert wurde.

Wasser als Gestaltungselement

Wasserbecken spenden Kühle in der südlichen Hitze, sind aber auch Ruhepunkte für das Auge des Betrachters und natürlich wichtige Gestaltungselemente. Ein wunderschönes Beispiel hierfür liefert das große Rundbecken mit der Isolotto-Garteninsel, das Bestandteil der Florentiner Boboli-Gärten ist. Das große, kreisrunde Wasserbecken mit der in der Mitte platzierten, säulenumrahmten grünen Insel befindet sich im Zentrum von dort zusammenlaufenden Wegeachsen. Der Platzbereich wird von hohen Hecken

Eine sehr interessante Version des Wasserspiels ist dieser bauchige Tontopf, durch den – für den Betrachter verborgen – Wasser geleitet wird.

abgeschirmt. Vor den Hecken postierte Sitzbänke erlauben das Verweilen mit Blick auf Wasserfläche und Garteninsel. Das Becken ist also nicht nur Blickfang inmitten eines wunderbaren Gartenraums, sondern auch ein Ort der Sammlung und der Ruhe.

Haus und Garten – ein harmonisches Zusammenspiel

Die gekonnte Verbindung von drinnen und draußen, von Haus und Garten hat gerade im mediterranen Garten nicht zuletzt wegen des wärmeren Klimas eine lange Tradition.
Diese enge Zusammengehörigkeit spiegelt sich

Der Pflanzenbewuchs mit dem Pfirsichspalier und der üppigen Bleiwurz bildet bei diesem Landhaus einen harmonischen Übergang zwischen Gebäude und Garten.

Palme, Zitronenbaum und Haus bilden eine stimmungsvolle Einheit.

auch in den meist verwendeten natürlichen Materialien und Farben wider. Sowohl Haus- als auch Gartenmauern bestehen bei alten Häusern oft aus unverputzten Natursteinen oder/und Backsteinen, Beläge im Hausinneren wie auch im Freien aus Tonplatten oder anderen natürlichen Materialien. Tonziegel sind die bevorzugte Form des Dachbelags, können aber etwa auch zur Bekrönung von Gartenmauern eingesetzt werden. Sind die Mauern verputzt, werden diese traditionell mit Farben gestrichen, deren Bestandteile man aus natürlichen Rohstoffen – z. B. in der Pro-

vence aus den hier vorkommenden Ockergesteinen – gewinnt. Die Einheit natürlicher Materialien wird meistens noch dadurch betont, dass der für den Bau der Hauswände verwendete Natur- oder Backstein auch zur Erstellung von Gartenmauern, Becken, Wege- und Beeteinfassungen benutzt wird.

Bänke, Loggien und Pergolen

Natürlich stand früher insbesondere bei einfachen Bauernhäusern die Aufenthaltsfunktion im Garten weniger im Vordergrund als heute, jedoch hatten Sitzplätze vor dem Haus oder auf Plätzen schon immer große Bedeutung. Besonders Aufenthaltsplätze in Nachbarschaft zu einer alten, steinernen Hauswand lassen, natürlich gut beschattet und eingewachsen, die natürliche Verbindung von Innen- und Außenraum besonders schön erleben. Unmittelbar an die Hauswände anschließende, traditionell meist in Holzkonstruktion erstellte Pergolen, die von Weinreben, Glyzinien, mediterranen Winden oder anderen Kletterpflanzen überwachsen

sein können, machen Haus und Garten förmlich zu einer organischen Einheit. Ein besonders bei größeren Villen und Landhäusern des Mittelmeerraums beliebtes Gestaltungselement war die Loggia, ein meist erdgeschossiger, mit Säulen nach draußen abgegrenzter Freibereich, der sich noch unter dem Dach des Hauses befand. In verschiedenen Gegenden, so etwa der Toskana, baute man im Obergeschoss größerer Gebäude – meist mit dreibogigem Säulengang versehene – Arkaden-

gänge ein. Dies ist in gewisser Weise eine Variation der Loggia, die bei Gebäuden mit landwirtschaftlich genutztem Erdgeschoss natürlich keinen Sinn machte. Sowohl Loggia als auch Arkadengänge dienten dazu, den Übergang zwischen Garten und Haus zu betonen und die beiden Lebensbereiche zu verbinden. Diesem Zweck dient es auch, dass viele Loggien mit zahlreichen Gefäßpflanzen geschmückt sind, die gleichsam vom Haus sanft in den Garten oder Park überführen.

Das Anlehngerüst aus Eisen gibt dem Weg eine idyllische und zugleich geheimnisvolle Note.

Typische Mittelmeerpflanzen: Geschichte und Verbreitung

Gerade viele mediterrane Pflanzen sind spätestens seit Goethes Reiseberichten der Inbegriff des „Traums vom Süden". Bestimmte Gewächse kommen bevorzugt in einzelnen Regionen vor oder wurden zu Synonymen für ganze Landschaften. So gilt die Provence und insbesondere das Gebiet um Grasse als Heimat des Lavendelanbaus. Im zeitigeren Frühjahr wird Südfrankreich vom hellen Blau der Iris, im Sommer vom Gelb der Sonnenblumen geprägt, die Vincent van Gogh in seinen Gemälden immer wieder festgehalten hat.

Zypressenbestandene Hügelkuppen sind mittlerweile fast schon zum Inbegriff der Toskana oder zumindest deren Teillandschaft, des Chianti, geworden. Beim Stichwort „Geranien" bzw. Pelargonien denkt mancher vor allem an sevillanische oder cordobesische Innenhöfe, wo diese Pflanzen in reicher Fülle in stehenden oder hängenden Tongefäßen zu sehen sind. Die Blüte vieler Tausender von Mandelbäumen prägt im Januar und Februar die Hügel und Ebenen Mallorcas.

Wenngleich also viele Gewächse in den Mittelmeerländern sowohl in der Kultur als auch als Zierpflanzen weit verbreitet sind, prägen doch solche regionalen Schwerpunkte des Vorkommens das Bewusstsein und den Bekanntheitsgrad einer Pflanze entscheidend mit. Daher werden in diesem Kapitel einige dieser bekannten Mittelmeergewächse nach ihrer Geschichte und kulturellen Bedeutung betrachtet, um den direkt einleuchtenden Zusammenhang zwischen Gartenkultur und Gesellschaftsgeschichte in den mediterranen Ländern und außerhalb zu verdeutlichen.

*Ein „Klassiker" unter den Zitrusfrüchten in voller Pracht: der Orangenbaum (***Citrus sinensis***).*

Die Klassiker: Zitrusgewächse

Orangen- und Zitronenpflanzen wurden von den Griechen über Persien auf den Peloponnes gebracht. Für die Jahrhunderte nach der Zeitenwende finden sich Berichte, dass Zitronenbäume in Tongefäßen vor römischen Villen und in deren Gärten aufgestellt worden sind. Nördlich der Alpen waren die Zitrusfrüchte seit dem Hochmittelalter bekannt. Ihre Kultur begann dort nach heutigem Wissen im 16. Jahrhundert und erlebte mit den Orangerien der großen europäischen Königsschlösser im 17./18. Jahrhundert ihren ersten Höhepunkt.

Bäume, die Geschichte machten

Noch weit früher als die Zitruspflanzen, das heißt bereits im zweiten vorchristlichen Jahrtausend, war der echte Feigenbaum im Mittelmeerraum eine gängige Kulturpflanze. So wurde die Feige etwa in der „Odyssee" Homers erwähnt. Spätestens seit dem 16. Jahrhundert kultivierte man sie in Mittel- und Westeuropa. Granatapfelbäume gelten beispielsweise in Griechenland traditionell als Symbol der Fruchtbarkeit und sind als solche Teil von Volksbräuchen geworden. Nach Mitteleuropa wurden Granatapfelpflanzen ungefähr zeitgleich mit den Feigen eingeführt. Die roten, im Fruchtfleisch eingebetteten, frisch-säuerlich schmeckenden Kerne verwendet man gerne für Nachspeisen.
Die Kultur des Olivenbaums ist im Mittelmeerraum schon seit vorchristlicher Zeit verbreitet. Seine Früchte und das aus ihnen gewonnene, nativ gepresste Öl werden seit Jahrtausenden in der mediterranen Küche ein-

Olivenbaum in der Toscana.

gesetzt. Die wild vorkommenden Olivenbäume besitzen kleinere Früchte mit geringerem Fruchtfleischanteil. Goethe war bei seiner ersten Italienreise vom außergewöhnlichen Charakter der Pflanze offenbar sehr angetan, da er ihrer Beschreibung breiten Raum widmete: „Die Ölbäume sind wunderliche Pflanzen; sie sehen fast wie Weiden aus, verlieren auch den Kern, und die Rinde klafft auseinander. Aber sie

Zitruspflanzen-Praxis

Zitrusfrucht	Lateinischer Name
Zitrone	Citrus limon
Calamondin	x Citrofortunella mitis
Orangen	Citrus sinensis
Pomeranzen	Citrus aurantium
Kumquat	Fortunella margarita

Sie alle lassen sich problemlos bei 4 bis 9 °C überwintern. Zitrone und Pomelo sind mit 12 bis 18 °C etwas wärmebedürftiger. Günstigste Zeit zum Schneiden und Umpflanzen ist Februar bis März vor dem ersten Austrieb. Vermehrt wird durch Veredlung, gepflanzt in leicht saure Erde.

Violettblühende Bougainvillea vor weiß gekalkter Hausmauer auf den griechischen Kykladen.

haben dessenungeachtet ein festeres Ansehn. Man sieht auch dem Holze an, daß es langsam wächst und sich unsäglich fein organisiert. Das Blatt ist weidenartig, nur weniger Blätter am Zweige. Um Florenz ist alles mit Ölbäumen und Weinstöcken bepflanzt ..." (Goethe, Italienische Reise).

Die Bedeutung dieser beiden Gewächse nicht nur für die Toskana, sondern auch die meisten anderen Regionen im Süden Europas, erstreckt sich mehrere tausend Jahre zurück. Auch die Weinrebe ist im Mittelmeerraum eine sehr alte Kulturpflanze, deren Anbau dann von den Römern in andere Gegenden exportiert wurde.

Ein heute typisch mediterraner Großbaum ist die Platane, die ihren lichten Schatten auf viele Plätze und Alleen wirft, so beispielsweise auf die Cours Mirabeau in Aix-en-Provence. Im Gegensatz zur auch in unseren Breiten heimisch gewordenen Platane, blieb die Palme, die Temperaturen unter etwa 10°C nicht sehr schätzt, auf die mediterranen Regionen beschränkt. In vielen mondänen Küstenstädten der Côte d'Azur und der Riviera, so in Cannes und San Remo, findet man mit Palmen gesäumte Strandpromenaden. Die Zwergpalme kommt dabei – als einzige Palmenart in Südeuropa – auch wild vor.

Inbegriff südlicher Gartenromantik

Ebenso charakteristisch sind die im Süden mancherorts fast dauerblühenden, meist violettfarbenen, aber auch in vielen anderen Farbtönen und -schattierungen vorkommenden Bougainvilleas, die sich an weißen Hauswänden in der Ägäis ebenso emporranken wie am Eingang zum andalusischen Patio. Viele andere Pflanzen finden als Begleit- oder Unterpflanzung in Parks, aber auch in kleinen Gärten und als Kübelpflanzen gleichermaßen Verwendung. Der kälteempfindliche, aber sehr hitzeverträgliche, meist in weißen bis dunkelroten Farbtönen vorkommende Oleander gedeiht wild besonders im südlichen Bereich des Mittelmeerraumes, so etwa auf vielen Inseln der Ägäis. Mit seinen Wurzeln erreicht er noch wasserführende Schichten, wenn der Grasbewuchs schon längst verdorrt ist.

Der mediterrane Garten dient bekanntlich nicht zuletzt der Kultivierung von Gewächsen, die nicht nur ihrer Blüten oder ihres Wuchses wegen kultiviert werden, sondern deren Blätter und Früchte alle für die Mittelmeerküche benötigten Zutaten liefern. Der Lorbeerstrauch hat dabei nicht nur Bedeutung als Gewürzpflanze, sondern spielte bereits in der antiken Mythologie eine wichtige Rolle.

Südliche Atmosphäre im eigenen Garten schaffen

Die Grundlagen der Planung

Wenn man die Bilder der Gärten an ihren Ursprungsorten vor Augen hat, erscheinen diese zunächst vielleicht schwer realisierbar. Mit dem nötigen Wissen, guter Vorbereitung und Planung ist es aber sehr wohl möglich, auch in unseren Breiten und auf oftmals kleinerer Fläche traumhafte mediterrane Gartensituationen zu schaffen. Wichtig ist es in diesem Zusammenhang, sich ein genaues Konzept zurechtzulegen, bevor man mit der Ausführung beginnt.

Zunächst sollte Klarheit darüber hergestellt werden, welche Art von Garten beabsichtigt ist. Träumen wir von einem bunten Blütengarten, einem mediterranen Steingarten, einem Landschaftsgarten oder gar einem Stück Wildnis nach Art einer Buschlandschaft (Macchie)? Oder nehmen wir uns eher einen geometrischen Garten zum Vorbild, der durch Wege und Hecken rechtmäßig ge-

Mit weiß gekalkten Mauern, Wegebelägen aus Naturstein und mediterranen Pflanzenrabatten können auch in unseren Breiten faszinierende Gartenräume entstehen.

Der naturnahe Garten mit Blumenwiese, Zypressen und dem weinberankten Holzgerüst fügt sich ideal zu diesem alten Bauernhaus. Statt der Zypressen lassen sich in nördlichen Gefilden sehr gut Säulenwacholder einsetzen.

gliedert ist? Bei ausreichender Größe des Gartens können mehrere dieser Gestaltungsrichtungen umgesetzt werden, wobei natürlich nur selten der jeweilige Gartentyp in seiner Reinform verwirklicht wird. Aber gerade in der einfallsreichen Neukombination der verschiedenen Elemente liegt ja der Reiz einer kreativen Gartenplanung. Besonders wenn nur wenig Platz zur Verfügung steht oder der Arbeitsaufwand in Grenzen gehalten werden soll, kann man sich ebenso darauf be-

schränken, dem Sitzplatz oder Balkon mit ansprechenden Topfpflanzen und Gefäßen mediterranes Flair zu verleihen.

Licht und Schatten

Bei der Gestaltung sollte unbedingt die bereits weiter oben hervorgehobene Bedeutung des Sonnenlichts in die Planung der Gartenanlage einbezogen werden. Auch und gerade mediterran gestaltete Gärten in weniger sonnenbegünstigten Regionen sollten auf die bewusste

Planung mit Licht und Schatten nicht verzichten, um die geringere Zahl sonniger Tage umso intensiver erleben zu können. Die Komposition von Pflanzen, Gestaltungselementen und Licht bedarf grundsätzlich immer einer sehr durchdachten Komposition und eingehender Vorüberlegungen, so etwa was den sich permanent verändernden Sonnenstand, das Wachstum der Pflanzen und den Wechsel des Blattkleids angeht.

Eine reizvolle Möglichkeit, die Wirkungen des Lichts gezielt einzufangen, sind Brunnen und Wasserbecken aus Stein, bei denen sich Lichtstrahlen und Schatten mit dem Material und der Bemoosung zu einer perfekten Gesamtwirkung ergänzen. So wie Wasserflächen das Auge Ruhe finden lassen, bilden Säulen, Statuen, Sonnenuhren, aber auch gut platzierte oder beschnittene Gehölze Blickfänge im Garten.

Die faszinierenden Effekte von Licht und Schatten lassen sich in diesem spanischen Garten wundervoll erleben.

Schönheit im Detail

Selten ist natürlich im räumlich begrenzten Hausgarten das gesamte „Potpourri" der prinzipiell möglichen Gestaltungselemente „unterzubringen" – das würde auch eher überladen oder gar lächerlich wirken. Die einzelnen Stilelemente müssen stets eine Einheit bilden und dürfen nicht wie willkürlich nebeneinander gesetzte Versatzstücke wirken.

Dagegen kann eine gezielte Auswahl einzelner Elemente wunderbare mediterrane Wirkungen entstehen lassen. So ist ein steinernes Wasserbecken und eine daneben platzierte Schmucklilie im Terracottagefäß, die ihre Blüten über das Becken hängen und reizvolle Schattenspiele entstehen lässt, ein schon fast perfektes Stilleben. Überhaupt liegt das Geheimnis gelungener Arrangements in ihrer Einfachheit und Selbstverständlichkeit. Ein Zuviel nimmt oft eher etwas von der Wirkung, da Auge und Geist sich mit Zunahme der optischen Reize immer weniger orientieren und Ruhe finden können.

Das muschelförmige Wasserbecken und das Wandmedaillon aus Terracotta bilden in Einheit mit der weinbewachsenen Wand eine kühlende Oase.

Eine Frage des Standorts

Bei der Pflanzplanung muss darauf geachtet werden, dass nur Gewächse mit ähnlichen Standortanforderungen (Boden, Klima, Besonnung) zusammengepflanzt werden sollten. Es muss bedacht werden, welche Pflanzen für den jeweiligen Gartentyp sowie die spezifisch vorliegenden Klima- und Bodenverhältnisse in Frage kommen. So sind kälteempfindliche Gewächse in Gegenden mit besonders harten Wintern fehl am Platz, können aber in wärmeren Regionen (z. B. der Rheingegend) oder an geschützten Standorten durchaus prächtig gedeihen. Sehr nasse, schwere und verdichtete Böden sowie schattige Standorte eignen sich für die meisten klassischen Mittelmeerpflanzen nicht. Ferner sind auch die Blütenfarben/ -formen und vor allem -zeiten entscheidende Kriterien für den Erfolg einer Gartenplanung. Wenn etwa zwei Pflanzen wegen der Farbharmonie ihrer Blüten zusammengepflanzt wurden, ist es etwas enttäuschend, wenn

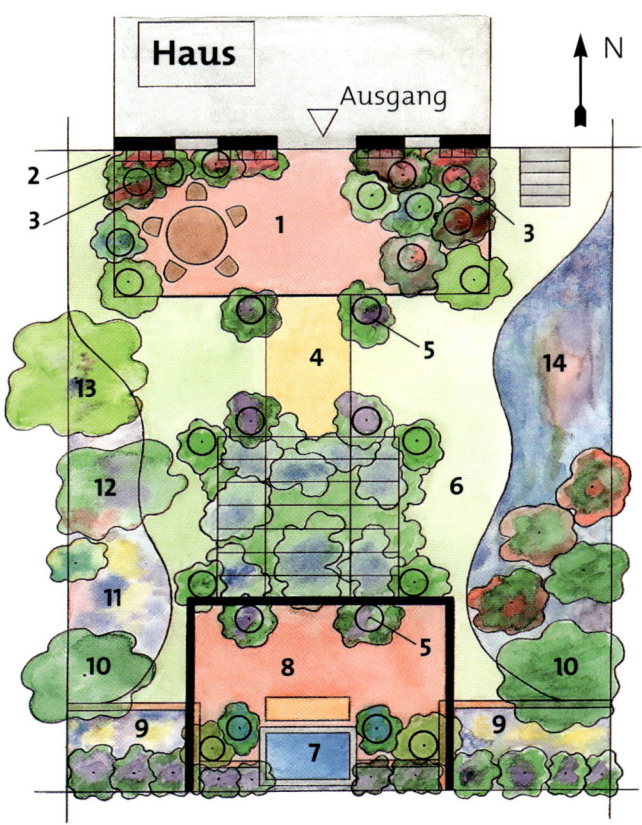

*Beispiel für eine Hausgarten-
anlage im mediterranen Stil
(circa 200 m² Fläche).*

1. Terrasse mit Kübelpflanzen
2. Kletterpflanzen
3. Bougainvillea
4. Weg
5. Gewürz-Rosmarin
6. Laubengang mit Wisterien
7. Wasserbecken
8. Umpflasterung des Wasserbeckens
9. Hochbeete aus Natur-/Backstein
10. Philadelphus
11. Beet mit Wildstaudencharakter
12. Olivenbaum
13. Aprikosen- oder Pfirsichbaum
14. Beet mit Rosen

Flächen als hilfreich oder gar notwendig, da es auf kleinerem Raum noch weit stärker als bei großen Gärten auf die richtige Gestaltung der Details und die Anordnung der Pflanzen ankommt. Die beim Ausmessen gewonnenen Maße sind dann in die Zeichnung zu übertragen, wobei die Außenwände des Hauses, die Grundstücksgrenzen und der gesamte Bestand an Mauern und anderen Abgrenzungen, versiegelten oder gepflasterten Flächen, vorhandenen Gehölzen und Beetflächen berücksichtigt werden muss. Es empfiehlt sich, von diesem Bestandsplan einige Papierkopien anzufertigen, um verschiedene Planungsvarianten festhalten zu können. Als Abbildungsmaßstab sollte man mindestens 1:50 wählen, sodass alle Details problemlos einzutragen und abzulesen sind. Klarheit lässt sich auch dadurch schaffen, dass man verschiedene Farben verwendet (etwa schwarz für den gesamten Bestand, grün für neue Pflanzen, rot für Mauern, Einfassungen und Pflasterflächen, blau schraffiert für Wasserflächen). Beschriftungen werden mög-

sie zu völlig unterschiedlichen Zeiten blühen. Ebenso reizvoll sind aber häufig auch die Wirkungen, die sich aus der Kombination von verschiedenen Pflanzen mit bemerkenswertem Blattkleid ergeben.

Planen, aber richtig

Als Planungsgrundlage sollte man zunächst einmal einen Plan des Grundstücks beschaffen oder dieses neu ausmessen. Das erweist sich besonders bei kleinen lichst außerhalb der Darstellung am Blattrand eingetragen. Mauern oder andere kompliziertere Gestaltungselemente sollten zusätzlich in der Ansicht und im Schnitt gezeichnet und bemaßt werden, um bei der Ausführung keine Fehler zu machen. Bei großen Gärten, komplizierteren Planungen oder wenn man sich allein der Aufgabe nicht gewachsen fühlt, gibt es natürlich in jedem Falle auch die Möglichkeit, einen Landschaftsarchitekten zu beauftragen.

Ein Terrassenbelag aus Backsteinen schafft die ideale Grundlage für südlich gestaltete Aufenthaltsflächen.

Die Wahl des richtigen Materials

Hat man sich dann auf ein Planungskonzept geeinigt, bleiben noch weitere Fragen zu klären. So kann z. B. ein niedriges Mäuerchen ebenso aus Natursteinen wie aus Ziegelsteinen bestehen, wofür aber jeweils unterschiedliche Techniken vonnöten sind. Natursteinmauern kommen bei fachgerechter Erstellung auch bei größerer Höhe ohne jeglichen Mörtel aus, Ziegelmauern dagegen nicht. Die Entscheidung wird nicht zuletzt davon abhängen, welche Abmessungen die gewählten Elemente erreichen und welche handwerklichen Kenntnisse man besitzt. Niedrige Natursteinmäuerchen kann man mit etwas Geschick selbst bauen, hohe Mauern sollten im Regelfall schon aus statischen Gründen vom Fachbetrieb ausgeführt werden. Hierfür kommen Garten- und Landschaftsbaubetriebe sowie Baumschulen mit entsprechenden Fachabteilungen in Frage. Einfassungen, Wege und Pflasterflächen lassen sich großenteils auch in Eigenleistung herstellen. Ein spezieller Ratgeber hierzu ist in der gleichen Reihe erschienen. In jedem Fall sollte die gesamte Planung daraufhin überprüft werden, ob die

Die Farben des Mittelmeerraumes: Rote Pflastersteine und Tongefäße werden durch ein türkisblaues Mosaik noch aufgewertet.

zur Umsetzung notwendigen Arbeiten sich in Eigenleistung erledigen lassen, wofür die Beauftragung von Unternehmen notwendig ist, und welche Kosten insgesamt entstehen. Wurde ein Landschaftsarchitekt zugezogen, übernimmt dieser die Berechnung der Kosten.

Pflaster und Wege

Zum Pflastern mediterraner Wege oder Sitzplätze im Freien sollten ausschließlich Naturmaterialien verwendet werden. Teils angebotene tonfarbene Betonsteine oder ähnliches tragen nicht eben zur Schaffung einer authentischen Mittelmeeratmosphäre bei. Eine gute Wahl sind die mittlerweile sehr bekannten Cotto-Böden, deren beste Qualitäten im italienischen Ort Impruneta gefertigt werden. Auch in der Provence, insbesondere der Region um Salernes, findet man ausgezeichnete Tonplatten („terres cuites"). Je nach Herkunftsort des Tones und Herstellungstechnik weisen die Platten unterschiedliche Färbungen auf. Für den Außenbereich ist in unseren Breiten absolute Frosthärte unerlässlich. Alternativ kann man sich zum Bezug von Cotto-Belägen natürlich auch an hiesige Spezialgeschäfte wenden, die teils ausführende Handwerksbetriebe nennen können. Bei der Auswahl der Produkte sollte immer genau auf die Qualität geachtet werden, denn der Begriff „Terra Cotta" ist nicht geschützt und wird für eine fast unübersehbare Menge von Tonplatten verwendet. Schlechtere Qualitäten sind zwar meist günstiger zu haben, jedoch riskiert man damit auch spätere Schäden durch Bruch und Abrieb. Bezugsquellen für Tonplatten wie auch für andere Pflastermaterialien finden Sie auf den Seiten 62–63.

Unregelmäßig geformte Kalksteinplatten als Trittstufen. Die unversiegelten Fugen lassen mediterranen Stauden Platz zur Entfaltung

TIPP!
Optimal ist es, wenn man das vorgesehene Pflastermaterial – etwa während des Toskana-Urlaubs – vor Ort ansehen und aussuchen kann. In Impruneta (südlich Florenz, nördliche Chianti-Region) befinden sich eine Vielzahl von Töpfereien, die Beläge und Gefäße aus Cotto herstellen. Oft ist es dort sogar möglich, einen Einblick in die Herstellung der Tonplatten zu erhalten. Durch Direktbezug kann man meist deutlich Geld einsparen.

Trittsteine und Bodenbeläge aus der Natur

Eine schöne Alternative zu Tonplatten stellen rötliche bis sandfarbene Natursteine dar, die danach ausgesucht werden sollten, ob sie mediterranen Charakter besitzen. So ist etwa schwarzer oder blauer Granit („Blaustein") ein traditionell eher in Mittel- und Westeuropa abgebautes und verwendetes Gestein. Eine auch in den Mittelmeerländern traditionell übliche Möglichkeit der Bodenbefestigung ist dagegen die Verlegung von Feldsteinen bzw. Bachkieseln. Ein Vorteil dieser Variante besteht darin, dass das Pflastermaterial meist sehr günstig zu beschaffen ist. Gleich,

Detailansicht einer runden Beeteinfassung aus Hartbrandziegeln, welche unmittelbar eingelassen werden können.

welche der hier vorgestellten Belagsarten man wählt, sie sollte möglichst nur im Kies- oder Sandbett, nicht in Estrich verlegt werden. Die Fugen sind entsprechend mit Sand oder feinem Kies zu verfüllen. So lässt sich der gewünschte natürliche Charakter am besten erreichen, das Niederschlagswasser kann versickern und Grünpflanzen (z. B. kriechender Thymian) können zwischen den Platten gedeihen. Ebenso ist es möglich, Sitzplätze nur aufzukiesen. Dann ist allerdings eine wassergebundene Decke mit stabilem Unterbau unerlässlich, um dem obenauf liegenden Kies die nötige Trittfestigkeit zu geben.

Mediterrane Gestaltungselemente planen und verwirklichen

Im Folgenden werden verschiedene Praxisbeispiele reizvoller Gestaltungsmöglichkeiten erläutert, die durch die Wahl der Materialien und die Ausführung eine typische mediterrane Atmosphäre schaffen und zur Nachahmung sehr empfohlen werden können. Im unten gezeigten Beispiel handelt es sich um eine Durchgangssituation, die durch die neu aufgemauerte, hohe Mauer aus Ziegelsteinen geschaffen wird. Der freibleibende Durchgang eröffnet den Durchblick auf

einen wunderschönen Mittelmeergarten mitten in Oberbayern. Die beiden Mauerabschnitte weisen Abstellnischen mit romanisierenden Rundbogen auf, in denen blaue Gefäße und Pflanzen postiert sind. Diese Segmentbögen erinnern zum einen an die Maueröffnungen in Bauwerken des Mittelmeerraums, ermöglichen es aber auch, dass die Stürze wie die übrigen Teile der Mauer aus Backsteinen gefertigt werden konnten. Durch diese Technik passen sich die Bögen sehr gut dem Mauerwerk ein, stellen also Einheitlichkeit her, und wirken auch nicht zu wuchtig. Für die nötige Standfestigkeit sorgt ein etwa 1 m

Die Backsteinmauer grenzt den Garten zum Eingangsbereich hin ab.

Die Backsteinmauer während der Bauarbeiten.

tief ins Erdreich hinabreichendes Betonfundament. Den Niveauunterschied zum höher gelegenen Gartenraum gleichen Kalksteinquader (Grundfläche etwa 20 x 40 cm) aus, auf denen dann die aus einem Abbruchhaus stammenden alten Backsteine aufgemauert wurden. Voraussetzung für eine gelungene Gestaltung war die Auswahl der richtigen Steine, die kleine Formate aufweisen, die richtige Oberflächenbeschaffenheit haben und möglichst natürlich aussehen mussten. Die Fugen der aus Kalksteinquadern bestehenden Aufgangstreppe sind mit Sand verfüllt. Die Mauern wurden nicht verputzt, um den

natürlichen Charakter der Steine zu betonen. Zum Abschluss soll die Mauerkrone zum Schutz gegen Niederschläge und Durchfeuchtung noch mit einem Dächlein versehen werden.

Mauern grenzen ab und schaffen Strukturen

Im Beispiel unten ist ein niedriges Ziegelmäuerchen zu sehen, das ein parallel zur Grundstücksgrenze verlaufendes Hochbeet abgrenzt. Hierdurch wird eine Terrassensituation geschaffen und damit ein – besonders für am Hang gelegene südliche Gärten – typisches Gestaltungselement aufgegriffen. Viele klassische Gärten des Mittelmeerraums sind ohne

kühlende Becken, Brunnen und Wasserspiele nicht denkbar. Die Wirkung der hier abgebildeten Aufgangssituation wird durch das direkt angrenzende, rund gemauerte Wasserbecken, dessen Ummauerung nach unten abfällt, ergänzt und verstärkt. Durch die halbrunde Form des Beckens entsteht eine Art Wassergrotte – ein gerade auch in vielen berühmten italienischen Renaissancegärten sehr beliebtes Gestaltungselement. Die mit viel Bedacht geplante Treppe besteht aus Sandsteinblöcken und einer seitlichen Abmauerung mit gebrochenen Blöcken aus dem gleichen Material. Zwischen den Fugen wächst wie zufällig blauvioletter Thymian.

Das Backsteinmäuerchen befestigt ein Hochbeet. Eine Vermörtelung der Steine war wegen der geringen Höhe nicht notwendig.

Der Geländehügel wird durch eine Treppe erschlossen und gleichzeitig für die Anlage eines Wasserbeckens genutzt. Die Rundung von Becken und Ummauerung aus Natursteinquadern unterstreichen zusammen mit der Bepflanzung den Eindruck eines mediterranen Gartenidylls.

Besonders im Süden besitzen beschattete Sitzplätze im Garten, die Schutz vor der Hitze bieten, große Bedeutung. Eine Mauer aus Tuffstein, die das Grundstück zum Nachbaranwesen begrenzt, bildet den perfekten Hintergrund für einen solchen Platz zum Verweilen (siehe Abb. auf S. 8). Der Tuffstein ist ein besonders im südlichen Teil Italiens verbreitetes Material, das dort mancherorts zum Bau gan-

zer Städte verwendet wurde. Für Gartenmauern eignet er sich wegen seines mediterranen Charakters, aber auch wegen seines geringen Gewichts, was die Verarbeitung natürlich bedeutend erleichtert. Gerade an schattigen Plätzen, etwa unter einem großen Baum, wird der Tuffstein bald einen Moosüberzug ansetzen – ganz so, als stünde die Mauer bereits seit Jahrhunderten an diesem Platz.

Die Abbildung auf der nächsten Seite zeigt, wie mit kreisförmig verlegten Pflastersteinen ein einladender Sitzplatz entstehen kann. Der dazu verwendete rote Porphyr betont die mediterrane Wirkung. Das Pflaster erinnert ein wenig an alte Natursteinmosaiken, die etwa auch im Umfeld von antiken Villen verwendet wurden. Der Untergrund besteht hier aus grobem Kies, die darüber aufgebrachte

27

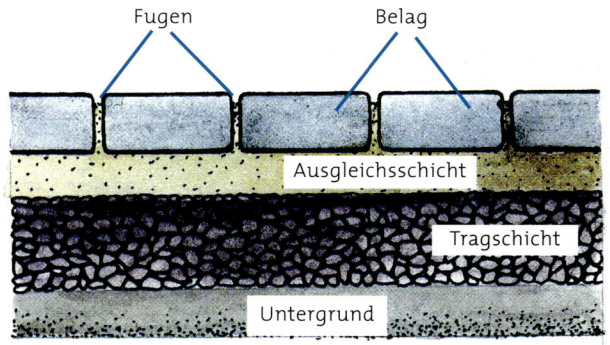

*Ein Platten- oder Pflasterweg ist aus
verschiedenen Schichten aufgebaut.*

Deckschicht aus Sand. Zur
Erzielung planer Flächen
mussten selbstverständlich
Richtschnüre gespannt werden. An den Rändern der

Pflasterbereiche verhindern
Betonkeile das Abrutschen
der Steine. Nach dem Verlegen des Pflasters sorgt die
Rüttelmaschine dafür, dass

keine späteren Niveausen-
kungen auftreten können.

In kurzer Zeit wird zwischen den Steinen ein grüner Bewuchs entstehen.

Pflanzen für den mediterranen Garten

Winterharte Gäste aus dem Süden

In diesem Kapitel werden die Ansprüche und Eigenschaften mediterraner Pflanzen beschrieben, die auch in nördlicheren Breiten ins Freie gepflanzt werden und dort das ganze Jahr verbleiben können, ohne – außer vielleicht einmal in außergewöhnlich kalten Wintern – stark zurückzufrieren. Es werden insbesondere solche Gewächse näher vorgestellt, die wegen ihres Charakters für den mediterranen Garten besonders kennzeichnend und wertvoll sind. Dabei wurde besonderes Augenmerk auf Pflanzen gelegt, die seit langem in mediterranen Gefilden heimisch sind. Viele davon kommen dort auch wild vor. Ein wichtiges Auswahlkriterium war hierbei nicht zuletzt, dass die beschriebenen Gewächse ohne große Probleme in hiesigen Baumschulen erworben werden können. Ausnahmen wurden dort gemacht, wo der besondere Charakter einer Pflanze – sei es hinsichtlich ihrer Blüten,

Es ist viel zu wenig bekannt, dass der echte Lorbeer nicht nur ein prachtvolles Blattkleid, sondern auch wunderschöne gelbe Blüten zu bieten hat.

ihrer Blätter, Rinde oder ihres Wuchses – im Einzelfall auch etwas mehr Mühe bei der Beschaffung rechtfertigt.

Bäume und Sträucher aus dem Süden

Die völlig winterharte Platane eignet sich im größeren Hausgarten als frei wachsender Solitärbaum (d. h. für Einzelstellung), kann aufgrund ihrer Schnittverträglichkeit aber auch einmal in kleineren Gärten eingesetzt werden. Allerdings bevorzugt der Baum natürlich warme, vollsonnige Standorte und der Boden sollte gut mit Nährstoffen versorgt sein. Sehr sandige Böden bzw. Substrate sind daher zu

vermeiden. Die Blätter, die denen des Spitzahorns ähneln, spenden einen lichten Schatten.

Wer den Charakter des immergrünen, bei Frösten ab etwa −10°C anfälligen echten Lorbeerstrauchs nicht mag, kann sich stattdessen für den (nicht zur gleichen Gattung gehörenden) Kirschlorbeer entscheiden. Die hier in den Baumschulen angebotenen Arten bzw. Sorten frieren nur in außergewöhnlich kalten Wintern etwas zurück. Der Kirschlorbeer lässt sich ebenfalls gut schneiden, jedoch muss dies Trieb für Trieb mit der Gartenschere erfolgen, um die Blätter nicht zu verletzen. Die Pflanze ist im Gegensatz

Die Feige fruchtet am besten bei Überwinterung in einem (kühlen) Raum.

Wird der Aprikosenbaum an einen geschützten, Standort gepflanzt, kann er reiche Ernte bringen.

zum echten Lorbeer allerdings recht giftig und verlangt daher einen vorsichtigen Umgang. Sie kann in voller Sonne, aber auch in halb- oder vollschattigen Bereichen eingesetzt werden. Die im späteren Frühjahr erscheinenden weißen, aufrechten Traubenblüten bilden einen wunderschönen Schmuck.

Reizvoll ist es auch, in milden Gegenden – oder in rauheren Klimaten an geschützter Stelle, z. B. an einer warmen Mauer – einen Feigenstrauch ins Freie zu pflanzen. Entgegen der allgemeinen Annahme können nämlich Feigen durchaus für gewisse Zeit Temperaturen bis zu −15 °C vertragen, ohne zu erfrieren! Feigen sind meist spärlich verzweigt, haben aber einen interessanten, kandelaberartigen Wuchs. Sie entwickeln sich meist zu Büschen oder zu Bäumen mit niedrig ansetzender Krone. Mit seinen großen, drei- bis fünflappigen, handähnlichen Blättern bildet der Feigenstrauch herrliche Baldachine, die bei Sonnenschein faszinierende Schatten werfen und in kaum einem mediterranen Garten fehlen. Die Pflanzung lohnt sich aufgrund der wunderschönen Wuchs- und Blattform allemal, die Früchte

werden jedoch aufgrund der in unseren Breiten oft sehr späten Fröste und der vergleichsweise kurzen Vegetationszeit nur mit Glück ansetzen oder gar ausreifen. Für Hausgärten sollten bevorzugt kleiner bleibende, höchstens einmal 3-4 m Höhe erreichende Arten ausgewählt werden. Diese werden auch in einigen milden Obstbaugegenden eingesetzt und können, wenn sie auch als Exoten nicht unbedingt vorrätig sind, über gute Baumschulen bestellt werden. Aber auch eigentlich höher wachsende Sorten, die unter günstigen Bedingungen in der Heimat eine Höhe von bis zu 10 m erreichen können, bleiben in Pflanzgefäßen deutlich kleiner und wachsen dem Besitzer nicht „über den Kopf".

In Baumschulen oft angebotene, meist recht robuste Aprikosen- oder Pfirsichsorten überstehen die Winter im allgemeinen gut, wenn während der Vegetationsruhe keine allzu starken Temperaturschwankungen auftreten. Fruchtansatz und -ausreifung hängen natürlich wie im vorherigen Fall von den zur Blütezeit herrschenden Witterungsbedingungen ab. Es empfiehlt sich, insbesondere an wärmeren Stellen – etwa an Hausmau-

Die besten winterharten Gehölze und Stauden

Pflanzenname	Blütenfarbe(n)/Fruchthinweise	Blütezeit/Fruchtreife
Heiligenblume	gelb	VII–VIII
Königskerze	gelb, rosa/violett	VI–IX
Lavendel	blauviolett, weiß	VI–VII/VIII
Mandelbaum	rosa bis weiß	ab Oktober
Ochsenzunge	enzianblau	VI–VII
Palmlilie	weiß	VII–VIII
Perowskie	hellblauviolett	VII–VIII
Pfeifenstrauch	weiß	V–VI
Pfingstnelke	rosa	V–VI
Pfirsich	weiß-rosa	ab Spätsommer
Platane	unscheinbar	Früchte unscheinbar
Salbei	blauviolett	V–VII
Schleifenblume	weiß	IV–V
Sonnenblume	gelb	VII–X
Spornblume	karminrosa, weiß	VI–VIII
Thymian	blauviolett, rosa	V–VII

Mandeln mögen es gern milder

Noch mehr als die eben genannten Obstarten ist der echte Mandelbaum in Mitteleuropa auf Regionen mit mildem Klima beschränkt. In den warmen Weinbaugegenden ist eine Fruchtbildung durchaus möglich, während diese in rauheren Lagen unwahrscheinlich ist. Jedoch verträgt die Pflanze, anders als man zunächst annehmen würde, grundsätzlich durchaus niedrige Wintertemperaturen. Wenn man also den Baum wegen seiner Wuchsform, seiner silbergrauen Rinde oder seines

ern und Wänden – die Pflanzen vor allzu starker Sonneneinstrahlung zu schützen, um so eine zu frühe Blüte zu verhindern. Notwendig sind immer windgeschützte Lagen und lockere lehm- oder lößhaltige, ausreichend feuchte Böden. Pfirsiche sind noch zusätzlich für einen größeren Humusanteil dankbar. Sowohl die Aprikosen- als auch die meisten Pfirsichsorten sind selbstfruchtbar, das heißt, sie bedürfen nicht unbedingt eines „Partners". Dies ist insbesondere für kleine Gärten ein nicht zu unterschätzender Vorteil. Für beide Obstarten sollte die Pflanzung im Früh-

jahr erfolgen, da sie dann in der Vegetationsperiode einwurzeln können. Bei Herbstpflanzung besteht demgegenüber eine erhöhte Gefahr von Schäden oder Ausfällen durch Winterkälte und -feuchtigkeit. Während Aprikosen nach erfolgtem Erziehungsschnitt nur noch ausgelichtet werden sollten, bedarf die Krone des Pfirsichs auch weiterhin eines alljährlichen, vollständigen Schnitts. Der Fruchtansatz erfolgt beim Pfirsich am vorjährigen Holz, was beim Schnitt beachtet werden muss.

Mandelbaum in voller Blüte.

Diese Weinrebe umrahmt malerisch einen mediterranen Sitzplatz.

Rebe stets sehr wichtig, während sie an die Bodenqualität keine großen Ansprüche stellt. Empfindlich reagiert sie nur auf äußerst schlechte, trockene, verdichtete oder staunasse Böden. Allerdings muss das Erdreich tiefgründig sein, um den weit hinabreichenden Wurzeln genügend Platz zur Entfaltung bieten zu können. Da auch die Weinrebe selbstfruchtbar ist, kann sie problemlos allein gepflanzt werden. Die Triebe benötigen aber immer eine Unterstützung, damit sich ihre Ranken festhalten können. Wird die Rebe an einem Holzlattengerüst oder Ähnlichem gezogen, so muss dieses einen ausreichenden Abstand von der Wand haben (etwa 15 cm). Zum Schnitt werden jedes Jahr etwa 80% des vorhandenen einjährigen Holzes entfernt, das heißt, das Fruchtholz wird auf zwei bis vier Augen eingekürzt („auf Zapfen geschnitten"). Nur bei Sorten, die vor allem am langen Holz

Laubs schätzt, spricht eigentlich nichts gegen seine Verwendung. Für kleine Gärten kann als Ersatz auf das sogenannte Mandelbäumchen zurückgegriffen werden, das nur in Ausnahmefällen höher als 2 m wird und in Wirklichkeit zu einer anderen Pflanzenfamilie gehört. Gegen Ende April entfaltet dieses Bäumchen mit seinen vielen dichtgefüllten Blüten eine rosane Pracht.

Wein – schon die alten Römer schätzten ihn

Die echte Weinrebe ist schon deshalb eine sehr wichtige Kletterpflanze, weil sie mit ihren Blättern, Trauben und ihrer charakteristischen, faserigen Rinde an Gerüsten, Hauswänden oder auch

über Pergolen maßgeblich zur Erzeugung einer südlichen Atmosphäre beiträgt. Zu unterscheiden ist hier zwischen der Weintraube und der Tafeltraube. Die zum Essen bestimmte, großfruchtige Tafeltraube eignet sich für mediterrane Gärten in unseren Breiten gut, da sie recht früh reift und daher auch in Jahren mit ungünstiger Witterung eine Ernte gewährleistet ist. Geschützte, windstille Lagen sind für die Entwicklung der

Wein richtig schneiden; der Schnitt liegt: a) zu hoch; b) zu tief; c) in der falschen Richtung; d) richtig!

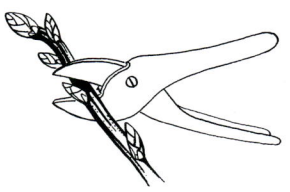

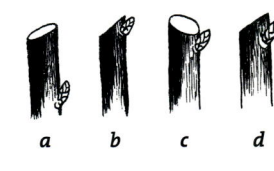

a   *b*   *c*   *d*

tragen, sollten mehr Augen am Trieb verbleiben. Sogenannte Wasserschosse (nicht fruchttragende Langtriebe) sollten entfernt werden, um die Fruchtbildung nicht zu beeinträchtigen. Wenn der Ertrag nicht im Vordergrund steht oder die Zeit knapp ist, kann der Schnitt auch einmal ausfallen.

Rosen – die Königin der Blumen

Bestimmte alte Rosensorten, wie sie beispielsweise in der Toskana noch in vielen Gärten zu finden sind, passen zum Mittelmeergarten besonders gut, sind aber fast ausschließlich vor Ort zu bekommen. In unseren Breiten führen nur sehr gut sortierte Baumschulen solche ungewöhnlichen, teils wild wachsenden Rosen des Mittelmeerraumes. Jedoch werden die meisten Baumschulen bei Kundenanfragen sicherlich gerne einmal auf Pflanzenbörsen nach speziellen mediterranen Rosensorten Ausschau halten. Vor dem Kauf sollte man sich in jedem Fall genau nach der Frosthärte erkundigen. Solche mediterranen Rosensorten haben oft Wild- oder Strauchrosencharakter und bedürfen dann im Grunde nicht unbedingt eines regel-

mäßigen Rückschnitts. Alle paar Jahre sollten aber alte Triebe herausgenommen werden. Zur Förderung der Nachblüte trägt sowohl bei sogenannten einmalblühenden als auch bei öfterblühenden Sorten das Entfernen alter Blüten bei. Wenn man keine mediterranen Rosen bekommt, spricht nichts dagegen, die bewährten Strauch- und Kletterrosensorten zu verwenden. Rosen eignen sich besonders gut zur Vergesellschaftung mit weiß- oder blaublühenden Stauden (z. B. Iris, Salbei, Lavendel) und kommen vor Natur- bzw. Backsteinmauern besonders gut zur Geltung.

Mediterrane Stauden

Neben den vorgestellten Gehölzen steht auch eine

Solche halbwilden Strauchrosen eignen sich ideal als Vorpflanzung von Natursteinmauern.

große Anzahl von Blütenstauden zur Verfügung. Den meisten von ihnen ist gemeinsam, dass sie insbeson-

Die prächtigen Blütenstände und der aufrechte Wuchs der Stauden-Palmlilie (Yucca) machen die Pflanze für den mediterran gestalteten Garten unverzichtbar.

dere gute Besonnung, wasserdurchlässige, sandig-steinige und meist auch kalkhaltige Böden bevorzugen bzw. benötigen. Ebenso kommen sie ins Erdreich gepflanzt fast durchgehend mit sehr wenig Wasser aus oder lieben sogar zeitweise austrocknende Böden.

Während die verholzenden Arten der Palmlilie in ihrer überwiegenden Mehrheit die kalten mitteleuropäischen Winter nicht vertragen, können diese der Staudenform *(Yucca filamentosa)* nichts anhaben. Sie bildet mit ihren weißen, glockenförmig-hängenden Blüten, die auf bis zu 150 cm hoch werdenden Schäften sitzen, und den etwa 50 cm langen, länglich-lanzettlichen Blättern eine eindrucksvolle Gesamterscheinung. Die Blätter sind immergrün und

verbleiben mehrere Jahre an der Pflanze, während sich natürlich die Blüten jährlich im Spätsommer neu bilden. Diese Form der Yuccapalme lässt sich unter anderem sehr schön mit dem ebenfalls in Südeuropa heimischen Silberährengras kombinieren. Dessen gelbliche, bis in den Herbst an der Pflanze verbleibende Blütenrispen und die dünnen, überhängenden Halme machen dieses Gras zu einem sehr interessanten, filigran wirkenden Partner für die straff aufrecht wachsende Palmlilie.

Würziges und aromatisches aus dem Garten

Aus dem mediterranen Garten nicht wegzudenken sind natürlich die als Küchenkräuter bekannten Wildfor-

men von Salbei, Thymian und Oregano, aber auch deren Zuchtformen, bei denen es mehr um den visuellen Zauber ihrer Blüten, Blätter und ihres Wuchses geht. Selbst einige Sorten des Lavendels werden jedoch, was nur wenigen bekannt ist, in der Küche verwendet. Auch die Zitronenmelisse stammt aus Südeuropa, bevorzugt aber eher feuchte Böden mit guter Nährstoffversorgung. Wenn diese Voraussetzung erfüllt ist, kann die Pflanze sowohl in der Sonne als auch in vollem Schatten stehen. Wertvoll als mediterranes Küchenkraut ist die Zitronenmelisse wegen ihren de-

Gewürzsalbei liefert nicht nur wertvolle Speisenzutaten, sondern ziert mit seiner violettblauen Blütenfarbe auch jeden Garten.

korativ hellgrünen, aromatisch-würzig nach Zitrone duftenden Blättchen, die für bestimmte Speisen als Zutat, getrocknet als Tee oder zur Dekoration von Gerichten Verwendung finden. Salbei wird vielfach als Heilpflanze verwendet. Es enthält ein natürliches Antibiotikum gegen Halsentzündungen. Der meist horstartig buschige Wuchs, der aromatische – wenn auch gegenüber dem Gewürzsalbei weniger ausgeprägte – Duft und die violettblauen Farbtöne der Blüten sind gemeinsame charakteristische Merkmale der zahlreichen Blütensalbeiarten bzw. -sorten. Während einige Vertreter der Gattung nur etwa 30 cm hoch werden und sich damit bestens für Beetrandbepflanzungen eignen, erreichen andere eine Wuchshöhe von bis zu 90 cm. Eingewachsene Pflanzen leben länger, wenn sie wenig gegossen werden.

Stauden für das Auge

Eine wunderschöne Staude mit südlicher Herkunft ist die weiter oben bereits genannte Iris oder Schwertlilie, die meist in blauen, weißen oder gelben Farbtönen angeboten wird. Die Schwertlilie ist definitiv eine derjenigen

Schwertlilien gedeihen auch bei unseren Verhältnissen bestens.

Stauden, die in keinem mediterranen Garten fehlen sollten. Mit ihrem aufrechten Habitus, den schwertförmigen, langen Blättern und vor allem den orchideenähnlichen Blüten stellt sie sowohl in Einzelstellung als auch in Gesellschaft von anderen Stauden eine große gestalterische Bereicherung dar. Ein weiterer Vorteil besteht darin, dass sie sich durch Teilung ihrer Wurzelknollen sehr gut vermehren lässt. Auf diese Weise kann man in wenigen Jahren eine richtiggehende Schwertlilien-Landschaft schaffen. Eine typische Wildpflanze des westlichen Mittelmeergebiets ist der bis 30 cm hoch werdende Gamander, der im Sommer (Juni bis Juli) lange, purpurrote Schein-

ährenblüten trägt. Aufgrund von Farbe und gleicher Blütezeit lässt sich der Gamander beispielsweise sehr gut mit niedrigen, violettblauen Salbei-Sorten *(Salvia nemorosa)* kombinieren. Eine Besonderheit sind ferner

Die Spornblume ist bei genügend Sonne und nicht zu feuchtem Boden recht anspruchslos.

Kennzeichen der Heiligenblume sind ihre kleinen, gelben bis orangen Blütenköpfchen und ihr reizvoll grau-grünes Blattwerk.

seine wintergrünen Blätter. Die mit ihren kleinen, gelben Blütenköpfen sehr dekorative Heiligenblume stammt ursprünglich aus dem nordwestlichen Italien. Entsprechend liebt auch sie sonnige Plätze und bevorzugt kalkhaltige Böden. Aufgrund der ähnlichen Ansprüche, der Wuchshöhe von ungefähr 40 cm und des interessanten Formengegensatzes lässt sie sich etwa hervorragend als Vorpflanzung zusammen mit der höheren Schwertlilie verwenden.

Die karminrote, als Zuchtform auch weiß vorkommende Spornblume trägt auf ihren etwa 60 cm langen, aufrechten Stengeln viele, meist recht ausdauernd blühende Trugdolden. An einem geeigneten Standort vermehrt sich diese Staude durch Selbstaussaat. Um eine zweite Blüte zu fördern, sollten die ersten Blüten nach ihrem Absterben weggenommen werden.

Mit Farben Akzente setzen

Als weitere, wertvolle Wildstaude ist der Diptam zu nennen, auf dessen etwa 80 cm hoch werdenden Stielen eine Vielzahl rosafarbener, etwas dunkler punktierter bzw. marmorierter Blüten sitzt. Um eine besonders schöne Farbkomposition zu erreichen, sollte man den Diptam bevorzugt mit blau und weiß blühenden Gewächsen (Lavendel, Salbei, weiße Rosen etc.) zusammenpflanzen.

Mit der etwa gleich hoch werdenden, rosafarbenen Rosenpappel *(Malva alcea)* lassen sich schöne monochrome Farbwirkungen erzielen. Diese bis zum Herbst blühende Malvenart ist zwar relativ kurzlebig, vermehrt sich aber oft durch eigene Samen. Sie eignet sich auch für halbschattige Standorte, etwa in der Nachbarschaft zu Büschen oder Bäumen. Aber auch andere Malvenarten und -sorten sind lohnende Stauden für den Mittelmeergarten.

Die Riesen

Die sehr hochwachsende, etwa 100 cm erreichende Ochsenzunge sieht mit ihren enzianblauen Rispenblüten und lang-lanzettlichen Blättern sehr majestätisch aus. In der Erscheinung hat sie Ähnlichkeit mit der gelbblühenden großen Königskerze, die aber noch deutlich größer werden kann. Hier bietet sich eine höhenmäßig gestaffelte Pflanzung an, die die Harmonie der blau-gelben, komplementären Farbkombination besonders gut zur Geltung bringt. Nach

Königskerzen in ihrer ganzen herrlichen Pracht.

unten kann die Staffelung beispielsweise mit der unermüdlich und sehr reich blühenden, hellblauen Wegwarte (bis etwa 50 cm) sowie gelb- oder blaublühenden Kissenstauden fortgesetzt werden.

Niedrigwachsende Stauden

Eine im Mittelmeerraum wild anzutreffende Polsterstaude mit eher lockerem Wuchs ist die Polstergarbe mit ihren goldgelben Blütendolden und ihren grauwolligen Fiederblättchen. Da die Polstergarbe relativ kurzlebig ist und nach 3–4 Jahren meist wieder verschwindet, sollte frühzeitig für eine Nachpflanzung gesorgt werden. Eine gänzlich andere, etwas bizarre Erscheinung ist die etwa 25 cm hoch werdende Walzenwolfsmilch. An den Enden ihrer teilweise niederliegenden Triebe sitzen die gelben Blütenstände, die aus zahlreichen kleinen Einzelblüten bestehen. Die spiralförmig angeordneten, spitz-eiförmigen Blättchen zeigen im Winter ihre blaugrüne Farbe. Sinnvoll ist es bei dieser Wolfsmilch für eine Unterpflanzung mit einem anderen niedrigwachsenden, aber duldsamen Gewächs zu sorgen, um den Boden zu bedecken. Hierfür käme unter anderem die niedrige mediterrane Glockenblume *(Campanula garganica)* mit ihren sternförmigen, blau-weißen Glockenblütchen in Betracht. Ein alternativer, sehr niedrig wachsender (bis 15 cm hoher) und verträglicher Flächendecker ist etwa das kriechende Schleierkraut (in verschiedenen Sorten mit rosa bis weißlicher Blütenfarbe). Noch niedriger ist das mit kurzen blauen Blütentrauben versehene Ehrenpreis *(Veronica prostata)*, das sich aber recht schnell ausbreitet.

Ein wenig dichter im Wuchs ist demgegenüber die rosa bis hellviolett angebotene polsterbildende Pfingstnelke *(Dianthus caesius)* und der Zwerg-Storchschnabel, der sich als eine der wenigen Mittelmeerstauden auch einmal in absonnigen Lagen wohl fühlt. Dieser Sommerblüher wird von den Staudengärtnereien meist in lila-rosa bis karminroten Farbtönen angeboten. Das weißblühende Hornkraut, ein Frühjahrsblüher, überzeugt nicht zuletzt durch sein weißfilziges Blattkleid, das schöne Kombinationen mit naturfarbenen oder rötlichen Steinen, Platten und Trittstufen, aber auch grün-

Die Walzenwolfsmilch zieht die Blicke durch ihren ungewöhnlichen Habitus auf sich.

blättrigen Pflanzen zuläßt. Dabei ist allerdings zu berücksichtigen, dass das Hornkraut bereits sehr wüchsig ist und daher

Die Glockenblume ist in felsigen Gegenden mit kalkhaltigen Böden beheimatet. Sie kann richtiggehende blaue Teppiche bilden.

Eine hellviolette Sorte des Schleifenkrauts.

bevorzugt mit höheren „Partnern" vergesellschaftet werden sollte. Die aus der südeuropäischen Bergwelt stammende Schleifenblume *(Iberis saxatilis)* wird nicht größer als die vorhergehenden Arten, bildet aber buschige, stark verzweigte Zwergsträucher, die über und über mit meist weißen Trugdolden versehen sind. Besonders wertvoll wird diese Staude durch den Umstand, dass sie nach der ersten Blüte im Frühjahr im Frühherbst ein zweites Mal blüht und damit den Sommer ein wenig zu verlängern hilft. Ein typischer Frühjahrsblüher ist hingegen die Traubenhyazinthe, eine etwa 15-25 cm hohe Zwiebelpflanze mit wunderschönen enzianblauen Blüten. Für volle Sonne und lehmige Böden

ist diese Hyazinthe dankbar, breitet sich aber dann auch recht schnell aus - ohne allerdings jemals lästig zu werden.

Niedrig wachsende Stauden für wechselsonnige Lagen

Wer auf der Suche nach einer reizvollen mediterranen Polsterstaude für wechselsonnige Lagen ist, wird mit dem 30 cm Höhe erreichenden Steinsame sicherlich viel Freude haben. Ab dem Frühsommer erscheinen die im Austrieb roten, später blauen Doldentrauben, aus denen sich weiße, perlenartige Früchte entwickeln. Der wüchsige Flächendecker bildet oberirdische Ausläufer, die sich an den Spitzen bewurzeln. Während einige Arten des Steinsame kalkliebend sind, bevorzugen andere kalkarme, sandighumose Böden. Letztere eignen sich zum Beispiel für die Vergesellschaftung mit der Schneemarbel, die ebenfalls Standorte in wechselsonniger Lage oder lichtem Halbschatten mit humosen Böden bevorzugt. Diese sehr filigran wirkende Pflanze hat ihren Namen von ihren schneeflockenähnlichen, weißen Blüten. Als wild vorkommende Waldstaude

kann sie zur Unterpflanzung von Bäumen oder Sträuchern verwendet werden. Auch einige Arten des weiß bis rosa blühenden Alpenveilchens, die auf den Balearen bzw. im östlichen Mittelmeerraum heimisch sind, vertragen wechselsonnige Lagen und können etwa zur Unterpflanzung von Gehölzen verwendet werden. Wild wachsen sie in der Regel auf steinigen Böden. Um einen erneuten Austrieb zu ermöglichen, sollte man das Kraut einziehen lassen.

Pfingstrosen mediterran

Auch für manchen Gartenliebhaber überraschend dürfte es sein, dass auch

Ein dankbarer Plattendecker für eher absonnige Standorte: der Steinsame.

Kletterpflanzen für den Mittelmeergarten

Pflanzenname	Blütenfarbe-/zeit	Wuchs	Verwendungstipps/Hinweise
Bougainvillea	violett, karminrosa, weiß, gelb bis dunkelrot/ Mai – August	im Gefäß weniger stark	Gefäßkultur, im Winter kühlen, hellen Standort, zur Blütezeit gut düngen und gießen, aber empfindlich gegen Staunässe, Kletterhilfe erforderlich
Clematis	verschiedenste Farbtöne/ April – August	schwach bis mittel	bei Mittelmeerarten Gefäßkultur versuchen, *C. montana* im Freiland, sehr schön an großen Bäumen
Echter Wein	unscheinbar	mittel–stark	Freilandpflanzung; an Eingängen, Hauswänden und Pergolen (Gerüst!)
Schwarzäugige Susanne	gelb, orange, weiß/Mai/ Juni – Oktober	mittel	bei uns einjährig, in Gefäßen an Haltestäben, Winder, viel gießen, aber empfindlich gegen Staunässe
Wicke (Duftwicke/ Staudenwicke)	weiß, hellrosa bis rot, violett blau	stark, aber Triebe im Herbst absterbend	Freilandpflanzung, sehr gut an Zäunen und kleinen Rankgerüsten, bei Staudenform Wurzelstocküberwinternd, braucht Kletterhilfe
Wilder Wein	unscheinbar	stark	Freilandpflanzung für Wände/Mauern, einige Sorten selbstklimmend
Wisterie (Blauregen, Glyzine)	hell violettblau, weiß/ April – Mai	mittel (langsam, aber hoch)	für Wände und Pergolen, da kräftiger Schlinger nicht an Regenfallrohren, Freilandpflanzung (giftig)

eine ganze Reihe von Pfingstrosen im Mittelmeergebiet, teils dort auch nur auf bestimmten Inseln, heimisch sind. Aufgrund ihrer recht großen Toleranz gegenüber Kälte kann man sie, sofern man sie in hiesigen Gärtnereien bekommt, auch im heimischen Garten ausprobieren. Zumeist sind die endständigen Blüten ungefüllt. Sie kommen je nach Art in roten, rosanen und weißen Farbschattierungen vor. Die mediterranen Paeonienarten vertragen, wenn sie eingewurzelt sind, Kalk und Trockenheit. Gut belüftete, wechselsonnige Standorte fördern ihr Gedeihen.

Ranker und Kletterer

Zur Berankung kleinerer Flächen hervorragend geeignet ist die Staudenwicke, die in einem Jahr etwa 2 m lange Triebe bilden kann. Da sie nicht selbstklimmend ist, benötigt sie eine Rankhilfe. Ihre weißen bis purpurrosafarbenen Traubenblüten bilden im Sommer einen wunderbaren natürlichen „Schmuckvorhang". Ideale Bedingungen findet die Staudenwicke an einem halbschattigen Standort mit trockener bis mäßig feuchter Erde. Im Herbst sterben die Triebe vollständig ab, im folgenden Jahr treibt die Pflanze aus dem Wurzelbereich von neuem aus. Übrigens kann die Staudenwicke auch sehr gut als Schnittblume verwendet werden.

Mediterranes Flair durch Kübelpflanzen

Sommergäste im Garten

In diesem Kapitel sollen Pflanzen behandelt werden, die aufgrund ihrer Ansprüche – vor allem an die Temperatur – die Winter in nördlicheren Gegenden in der Regel nicht oder nicht ohne schwere Kälteschäden überstehen können, sich aber gut für die Kultur in Gefäßen eignen. Darüber hinaus können natürlich auch nahezu alle oben aufgeführten, winterharten Pflanzen in Kübeln gezogen werden. Wenn die Pflanze ausgereifte Früchte bekommen soll – etwa bei Feigen –, ist die Gefäßkultur bzw. Überwinterung im frostfreien Raum ohnehin unabdingbare Voraussetzung. Als Alternative können einige nicht winterharte Gewächse im Frühjahr nach Ende der Fröste ausgepflanzt, im Herbst wieder eingetopft und überwintert werden. Allerdings darf man zum einen den damit verbundenen zusätzlichen Aufwand nicht scheuen, zum anderen vertragen nicht alle Pflanzen solch häufige Um-

Der Kumquat ist ein Zitrusgewächs, das sich hervorragend als Kübelpflanze eignet.

topfaktionen, die ihren natürlichen Wachstumsrhythmus stören.

Bäume und Sträucher im Kübel

Zitrusfrüchte, insbesondere Zitronenbäume, gehören inzwischen auch in west- und mitteleuropäischen Breiten zu den gängigen Kübelpflanzen, die allerdings recht frostempfindlich sind und bereits bei Temperaturen knapp über dem Gefrierpunkt Schäden zeigen können. Etwas mehr Raum und größere Pflanzgefäße als Zitronen benötigen Orangenbäume. Wenn ausgesprochen wenig Platz zur Verfügung steht, bietet sich ersatzweise ein „Orangenbäumchen" *(Citrus mitis)* an,

Rundum mit gelben Blüten übersäte Margeritenbäumchen flankieren einen Sitzplatz.

Tipp!

Wer mediterrane Lorbeer-hecken mag, braucht trotz ihrer Frostanfälligkeit nicht auf sie zu verzichten: In mehrere ausreichend dimensionierte, längliche Pflanzkästen (Breite und Höhe mindestens 40 cm, 6–8 Pflanzen je Meter) aus Ton gesetzt, bilden Lorbeer-pflanzen den perfekten Hintergrund von Sitzplätzen und lassen mediterrane Gartenräume entstehen. Vor den Frösten ziehen sie zusammen mit den übrigen Kübelpflanzen ins Winterquartier um.

Mittelmeerraum typisch sind, eignen sich als Kübelpflanzen. Natürlich benötigen diese Bäume aufgrund ihrer Wuchsstärke recht viel Platz, bleiben jedoch in Gefäßen kleiner als in ihrer Heimat und können durchaus viele Jahre kultiviert werden. Im Freien überstehen beide jedoch unter normalen Bedingungen keinen mitteleuropäischen Winter, wobei die Zypresse immerhin noch Temperaturen bis -10 °C toleriert. Unter den verschiedenen Palmenarten bietet sich zur Verwendung in Kübeln wegen ihrer Wuchsform und ihrem reizvollen Blattkleid insbesondere die Zwergpalme an.

Der Lorbeer: schöner Wuchs und aromatische Blätter.

das selten über einen Meter hoch wird, allerdings nur ein relativ junger Zuchtabkömmling der echten Orange ist und sehr kleine Zierfrüchte trägt. Ungewöhnlich und sehr mediterran wirkt ein in den Kübel gepflanzter Olivenbaum, der sich durch Schnitt besser verzweigt und den „Originalen" der mittelmeerischen Olivenhaine so in der Wuchsform etwas näher kommt. Der Olivenbaum fasziniert vor allem durch seinen im Alter malerischen Wuchs, seine schöne graue Rinde und die graugrünen Blättchen. Er wirkt am besten in naturnahen Landschaftsgärten.

Sogar die echte Zypresse und die Pinie, die beide für den

Sinnbild für Ehre und Ruhm – Lorbeer

Im mediterranen Garten nicht fehlen sollte der 3–6 m hoch werdende Lorbeerstrauch, der aufgrund seiner Herkunft nicht unbedingt volle Sonne benötigt, sondern sich ebenso im Schatten wohl fühlt. Die Pflanze wird im Mittelmeerraum oft als Hecken-, aber auch als freistehende Solitärpflanze verwendet. Neben dem dunkelgrünen, aromatischen Laub hat der Lorbeer auch ein sehr schönes gelbes Blütenkleid aufzuweisen. Wenn

er geschnitten wird, sollte der Zeitpunkt so gewählt werden, dass keine Blütentriebe weggenommen werden müssen.

Mediterrane Gewürze aus dem Garten

Auch der Gewürz-Rosmarin ist eine äußerst dekorative Pflanze, die je nach Form 60–150 cm Höhe erreichen kann. Da der Rosmarin härtere Winter im Freien nicht toleriert, wird er am besten von vornherein in Behältnisse gepflanzt. Der Strauch trägt meist von Mai bis Juni kleine blaue (seltener weiße

Oleander ist eine der klassischen Kübelpflanzen. Er benötigt großzügige Wasser- und Düngergaben um üppig zu blühen.

oder rosafarbene) Blüten. Die sehr aromatischen, nadelartigen Blättchen lassen sich für vielerlei mediterrane Speisen verwenden. Die Pflanze verlangt neben voller Sonne unbedingt durchlässige Böden. Zu starkes Gießen und übermäßige Düngung können ihr Gedeihen negativ beeinflussen und sollten daher sehr vorsichtig gehandhabt werden. Im mediterranen Bereich verwendet man den Rosmarinstrauch oft für wegebegleitende Hecken oder in Gruppen, die sich in unseren kühleren Gegenden am besten durch die variable Anordnung mehrerer Topfpflanzen (etwa zur Begrenzung von Sitzplätzen) „nachstellen" lassen.

Schön, aber nicht ungiftig – Oleander

Der Oleander wurde mittlerweile auch nördlich der Alpen zu einer bekannten und in Kübelkultur weit verbreiteten Blütenpflanze, die den ganzen Sommer hindurch blüht. Voraussetzung dafür sind aber regelmäßige Düngung und Wassergaben. Da er im mediterranen Raum seine Wurzeln weit in den Boden hinein ausbreitet, sollte ein ausreichend großes Pflanzgefäß gewählt werden. Schattige Standorte und schlechte Belüftung schätzt der Oleander ebenso wenig wie die Beregnung der Blätter. Durch Auslichten kann man die Durchlüftung des Geästs verbessern. Bei

Schädlingsbefall oder Erkrankung sollte die Pflanze umgetopft und stark zurückgeschnitten werden. Die Vermehrung erfolgt durch ins Wasser gesteckte Stecklinge, die sich dort bewurzeln und nach einiger Zeit in ein geeignetes Torf-Sand-Substrat gepflanzt werden können. Wegen der Giftigkeit sämtlicher Pflanzenteile ist beim Umgang mit dem Oleander Vorsicht geboten. Die Berührung mit der Haut sollte man unbedingt vermeiden.

Lagerstroemie – verkannte Blütenpracht

Weniger bekannt und verbreitet wie der Oleander, aber ähnlich wie dieser im Sommer mit einer Fülle purpurfarbener, rosafarbener oder weißer Blüten bedeckt ist die Lagerstroemie. Interessant macht sie auch ihre hell gelblichbraune, teils abblätternde Rinde. Ein zeitiger Rückschnitt fördert die Verzweigung und die Bildung der Blüten, die an den jungen Trieben erscheinen. Es sollte eher selten, dafür aber großzügig gegossen werden. Bei ansonsten nur geringen Ansprüchen gedeiht diese 3–4 m Höhe erreichende, hervorragende Kübelpflanze auf schattigen Plätzen sehr schlecht.

Beliebter denn je – Strauchmargerite

Vor allem aufgrund ihrer reichen und lange andauernden Blüte beliebt ist die – meist weiß blühende – Strauchmargerite, die oft auch als Stämmchen angeboten wird. Die Strauchmargerite ist zwar recht kälteempfindlich, kann aber in geeigneten Räumen problemlos überwintert werden. Einerseits hat sie einen hohen Sonnen- bzw. Wärmebedarf, andererseits sollte das Gefäßsubstrat keinesfalls austrocknen, da die Pflanze dann schnell die Blätter und Blüten hängen lässt. Besonders an Plätzen mit stauender Wärme muss die Strauchmargerite morgens und abends kräftig gegossen werden.

Euryops pectinatus ähnelt der Strauchmargerite in Wuchs, Aussehen der silbrigen Blätter und der Blütenform sowie auch in ihrer Vorliebe für warme, vollsonnige Standplätze. Allerdings blüht sie gelb und ist auf unseren Terrassen und Balkonen noch nicht so verbreitet wie die Strauchmargerite. Vorsicht bei Frösten: Die Pflanze verkraftet sie schlecht!

Topfpflanze mit reicher Blüte: die Strauchmargerite.

Dankbare Pfleglinge – Myrte, Lilie und Agave

Auch die den ganzen Sommer mit sternartigen, kleinen weißen Blüten übersäte Brautmyrte stellt einen Schmuck für jeden südlich gepägten Garten dar. Die immergrüne Pflanze produziert nahezu den ganzen Sommer über ihre kleinen weißen Blüten, die einen aromatischen Duft verströmen. Auch halbschattige Standorte werden von der 1–3 m hoch werdenden Pflanze akzeptiert. Übrigens kann die Brautmyrte sehr gut beschnitten und in Form gebracht werden.

Die mit langen lanzettlichen Blättern versehene, nicht verholzende Schmucklilie ist eine besonders ungewöhnli-che und prächtige Gefäßpflanze, deren lange Schäfte große blaue Doldenblüten tragen. Für kühlere Klimazonen besonders geeignet sind die laubabwerfenden Sorten. Die Vermehrung kann einfach durch Teilung der Wurzelstöcke nach der Blüte erfolgen.

Bei der Agave handelt es sich um eine ursprünglich aus Südamerika stammende Pflanze, die sich nach ihrer Ende des 16. Jahrhunderts erfolgten Einbürgerung aber sehr schnell im Mittelmeerraum verbreitete. Aufgrund ihres bizarren Habitus und den langen, mit spitzen Stacheln bewehrten Blättern ist sie eine außergewöhnliche und höchst dekorative Erscheinung. Zur Betonung von Durchgängen, Mauerkronen u. Ä. eignet sie sich daher vorzüglich. Allerdings kommt es in Kübelkultur nur selten zur Bildung von Blütenständen – selbst freiwachsende Agaven benötigen hierfür mindestens 10–20 Jahre! Im Überwinterungsquartier, das idealerweise eine Temperatur von 3–5 °C aufweist, muss äußerst sparsam gegossen werden, um keine Wurzelfäulnis hervorzurufen.

Die schönsten Kletterpflanzen

Natürlich eignen sich auch eine Reihe mediterraner, teils ein-, teils mehrjähriger Kletterpflanzen zur Kultur in Kübeln und Gefäßen. Fast unverzichtbar ist dabei die langlebige Bougainvillea, die auch bei optimaler Pflege als Kübelpflanze natürlich nicht die gleichen Wuchsleistungen erbringt wie die ausge-

pflanzten Exemplare in ihrer Heimat. In kleinen Hausgärten ist dies ein bedeutender Vorteil. Um ganz sicher zu gehen, dass die Pflanze nicht übermäßig stark wächst, kann man schwachwüchsige Sorten auswählen, jedoch verträgt die Bougainvillea auch einen starken Rückschnitt. Wegen ihrer Kälteempfindlichkeit muss sie frühzeitig ins Winterquartier gebracht werden. Die purpurfarben blühende Art *Bougainvillea glabra* ist dabei noch recht widerstandsfähig und toleriert immerhin noch Temperaturen bis −7 °C. Für die meist blau- oder violettblühenden Windenarten muss aufgrund ihrer Wüchsigkeit an der Wand oder am Gerüst ausreichend Platz zur Verfügung stehen.
Eine weitere sehr schöne Kletterpflanze ist die einjährige Duftwicke, deren ursprüngliche Heimat Süditalien ist. Sie macht in einem Jahr bis zu 3 m lange Triebe und bringt eine Vielzahl duftender Blüten in verschiedenen Farben hervor. Trotz ihrer Wüchsigkeit eignet sie sich aber sehr gut für kleine Rankflächen und Balkone, da ihre Triebe ohnehin im Herbst wieder absterben. Eine in Gärten nördlich der Alpen bisher noch kaum zu findende Kostbarkeit sind

Bougainvillea und Wisterie, klassische Kletterpflanzen mediterraner Gärten, neben einem original griechischen Kaffeehaus-Stuhl.

die im Mittelmeerraum wild vorkommenden Clematis-Arten – besonders die bis zu 2–3 m Höhe erreichende *C. cirrhosa* und die stärker wachsende *C. flammula*. Beide lassen sich problemlos durch einen starken Rückschnitt im Zaum halten. Zu beachten sind hierbei die unterschiedlichen Blütezeiten, um nicht versehentlich die Blütentriebe zu entfernen. *C. cirrhhosa* verströmt mit ihren weißen, glockenförmigen Blüten einen starken Duft. Im Vergleich mit anderen Clematis vertragen diese beiden Arten Trockenheit besser. Dennoch sollte bei der Kübelkultur von Clematis immer auf großzügig bemessene Pflanzgefäße geachtet werden.

Die im Süden weit verbreitete Bleiwurz ist ein wunderschöner, spreizklimmender Strauch, der mit Kletterhilfe an Gerüsten, Mauern oder auch an Bäumen platziert werden, aber ebenso gut frei gestellt werden kann. Besonders wertvoll machen die Pflanze ihre – bei ausreichender Düngung und Wässerung – sehr lange Blütezeit, die vom Sommer bis in den Herbst hinein dauert. Nicht minder bemerkenswert ist die große Zahl ihrer hellblauen, phloxähnlichen Blüten. Die Triebe erreichen

Hängende Geranien an Mauern und Eingängen können im Sommer wahre Blütenkaskaden bilden.

eine Höhe von bis zu 3 m. Von Zeit zu Zeit ist ein Auslichten der alten, bereits abgestorbenen Triebe ratsam. Wegen ihrer Empfindlichkeit gegenüber Kälte sollte diese Kübelpflanze in jedem Fall rechtzeitig vor den ersten (Boden-)Frösten in einen Überwinterungsraum gebracht werden. Die Bleiwurz – wie übrigens auch die Schmucklilie – wirkt durch ihre hellblauen Blüten sehr schön mit dem Oleander und anderen, weiß-, gelb- oder rötlichblühenden Pflanzen zusammen.

Hängende Gärten

Für die Einzelpflanzung in aufgehängten Töpfen, Hängeampeln etc. seien insbesondere im Mittelmeerraum heimische Windenarten empfohlen. Während einige Angehörige der Gattung – wie etwa die blaue Ackerwinde – als frei wachsende Exemplare in ihrer Heimat zu Unkräutern werden können, sind sie in Topfkultur wahre Schätze. Die aus Italien stammende Blaue Mauritius bildet eine besonders schöne Erscheinung.

Sonnenblumen benötigen ausreichend große Pflanzgefäße sowie reichliche Wässerung und Düngung.

Sommerliche Stauden im Pflanzgefäß

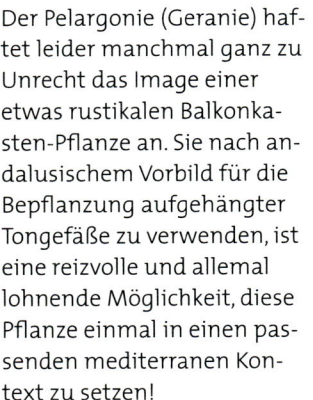

Der Pelargonie (Geranie) haftet leider manchmal ganz zu Unrecht das Image einer etwas rustikalen Balkonkasten-Pflanze an. Sie nach andalusischem Vorbild für die Bepflanzung aufgehängter Tongefäße zu verwenden, ist eine reizvolle und allemal lohnende Möglichkeit, diese Pflanze einmal in einen passenden mediterranen Kontext zu setzen!

Die sehr reich und dauerhaft blühende Fuchsie eignet sich bestens für schattige Standorte.

Für die Gefäßkultur eignen sich auch viele der im vorhergehenden Kapitel beschriebenen mediterranen Stauden, aber auch einjährige Pflanzen. Die hohe Sonnenblume kann im Beet, aber auch in Pflanztrögen einen eindrucksvollen Hintergrund bilden. Voraussetzung ist, dass man ihr einen ausreichend dimensionierten Pflanztrog (mindestens circa 40 cm breit und 60 cm hoch) sowie einen geschützten Standort gewährt. Für Balkonkästen oder hochgestellte Gefäße sollte man auf

niedriger wachsende Zuchtformen zurückgreifen. Ebenfalls gelb, jedoch rund um
den Schaft angeordnet sind
die Blüten der außerge-
wöhnlichen, in der Form an
eine Fackel erinnernden Jun-
kerlilie. Von ihrer Herkunft
eine Steppenpflanze des
Mittelmeerraums, benötigt
sie sonnenexponierte Lagen
und meidet zu schwere Topf-
substrate oder gar stauende
Nässe. Vorteile dieser Staude
liegen unter anderem in
ihrer recht frühen Blütezeit
(Mai – Juni) und ihren lang
zierenden Samenständen.
Ihre Kälteempfindlichkeit
prädestiniert sie für die Gefäßkultur.

Schöne Kombinationen

Besonders die Kultur in Kübeln und Gefäßen bietet die
Möglichkeit, verschiedene –
sowohl winterharte als auch
frostempfindliche – Gewächse zu kombinieren, die auch
in ihrer mediterranen Heimat zusammen vorkommen
und daher ähnliche Ansprüche an Boden, Standort und
Klimabedingungen aufwei-
sen. Eine ungewöhnliche
und selten versuchte Vergesellschaftung ist beispielsweise die von verschiedenen
Pflanzen der mediterranen
Macchie, die zeitweise austrocknende Böden, starke

Hitze und volle Sonne vertragen oder benötigen. Zu emp-
fehlen sind hier beispielsweise die Zistrose, der
Mastixstrauch, der Johannis-
brotbaum und der Erdbeer-
baum. Die verschiedenen
Gattungen der Zistrose, die
zwischen 30 cm und 2 m
hoch werden können, blühen
zumeist in weißen oder rosanen Farben. Der Name deu-
tet nicht etwa auf eine Ver-
wandtschaft mit den Rosen,
sondern nur auf die Ähnlichkeit mit Wildrosenblüten
hin. Um einen buschigen,
kompakten Wuchs zu erhal-
ten, sollten die Triebe der
Pflanze nach der Blüte
zurückgeschnitten werden.
Der zur Gattung der Pista-
zien zählende, immergrüne
Mastixstrauch wird 1–4 m
hoch und eignet sich damit
vorzüglich auch als Ge-
fäßpflanze für kleine Gärten
oder Terrassen. Er ist dankbar für humose, kalkhaltige
Substrate mit gutem Was-
serabzug und volle Sonne.
Staunässe ist unbedingt zu
vermeiden. Die Blätter sind
paarig gefiedert. Da der Mastixstrauch zweihäusig ist,
werden zur Befruchtung
eine männliche und eine
weibliche Pflanze benötigt.
Die männlichen Exemplare
besitzen auffällige rote
Staubbeutel, die weiblichen
Blüten sind gelb und unauf-

*So kombiniert wird ein
Eck mit Kübelpflanzen
zum kleinen Paradies.*

fällig. Während der Mastixstrauch im Sommer am lieb-
sten an einer warmen Süd-
wand steht, hat er es im
Winterquartier gerne kühl
und hell.
Der heute in weiten Gegenden des Mittelmeerraums
verwildert anzutreffende,
durchaus oft strauchartig
wachsende Johannisbrot-
baum weist zwar keine nen-
nenswerten Blüten auf, stellt
aber mit seinem schönen
immergrünen Laub dennoch
eine Bereicherung für den
mediterranen Garten dar.

Die malerischen Früchte des Erdbeerbaums machen ihn einzigartig.

Die Früchte, von denen sich auch Johannes der Täufer in der Wüste ernährt haben soll, wurden früher in verschiedener Form als Nahrung und für Arzneien verwendet. Der Erdbeerbaum *(Arbutus unedo)* gehört sicherlich zu den schönsten und auch beliebtesten mediterranen Gehölzen. Dazu haben seine weißen Rispenblüten mit Honigduft, die sich daraus entwickelnden roten Früchte, die immergrünen glänzenden Blätter und die dekorative Rinde gleichermaßen beigetragen. Die Äste bekommen mit dem Alter einen malerisch knorrigen Habitus. Die lange haftenden Früchte sind tatsächlich essbar, entwickeln ihr volles Aroma jedoch erst dann, wenn sie ganz dunkelrot gefärbt sind. Die Pflanze

muss nicht sehr stark, aber unbedingt regelmäßig gegossen werden, da sie äußerst empfindlich auf Ballentrockenheit reagiert und dann schnell absterben kann.

Tipps zur Pflege von Kübelpflanzen

Die richtige Zeit für das erstmalige Eintopfen junger Kübel- bzw. Gefäßpflanzen reicht vom späten Winter bis ins Frühjahr (Ende Februar bis Ende Mai). Das Umtopfen einer Pflanze in ein neues Gefäß sollte in der Periode der Vegetationsruhe erfolgen. Es wird dann notwendig, wenn das alte Gefäß ganz durchwurzelt ist, das Substrat nicht mehr genügend Nährstoffe aufnehmen kann und/oder die Pflanze

nicht mehr richtig gedeiht. Die Auswahl des neuen Substrats muss bei Gefäßpflanzen besonders sorgfältig geschehen. Insbesondere ist darauf zu achten, dass keine zu leichte Erde verwendet wird. Viele handelsübliche Fertigsubstrate weisen einen zu hohen Torfanteil auf, was zu einer übermäßig schnellen Austrocknung führt. Wenn – auch aus ökologischen Gründen problematischer – Torf mit enthalten ist oder selbst eingemischt wird, sollte sein Anteil höchstens bei etwa 1/5 liegen. Eine Ausnahme bilden Pflanzen, die saures Bodenmilieu bevorzugen und Jungpflanzen, die am besten in einem Gemisch von Torf und Sand herangezogen werden. Der Grund hierfür sind die gute Nährstoffhaltefähigkeit des Torfs und die Grobkörnigkeit des Sands, die wiederum für eine gute Durchwurzelbarkeit und Durchlüftung sorgt. Auch Mittelmeerpflanzen reagieren in Gefäßen oft sehr empfindlich auf anhaltende Bodentrockenheit, da ihre Wurzeln nicht im Erdreich geschützt sind und sich nicht weit ausbreiten können! Sinnvoll ist es, als Hauptbestandteil (1/3 bis zu 1/2) eine eher schwere, sandig-lehmige Erde zu verwenden, die sowohl Feuchtigkeit als auch Nährstoffe gut zu speichern vermag. Guter, abgelagerter Kompost kann zu etwa 1/3 beigegeben werden. Für die Verbesserung der Durchlüftung sorgt ein Sandanteil von etwa 1/5. Alternativ oder zusätzlich kann auch am Gefäßboden, der immer einen freien Wasserabfluss haben muss, eine mehrere Zentimeter hohe Drainageschicht aus grobem, nicht saugfähigem Material (z. B. Feinkies) vorgesehen werden. Auf das Unterstellen von Schalen sollte im Freien verzichtet werden, da diese zur Bildung von Staunässe führen. Anzeichen hierfür ist meist eine Vergilbung der Blätter.

Welches Gefäß ist geeignet?

Entscheidend für das Gedeihen einer Topf- oder Kübelpflanze ist, dass das gewählte Gefäß ihm ausreichend Platz für das Wachstum lässt. Die meisten verholzenden und alle stärkerwüchsigen Pflanzen benötigen recht tiefe Gefäße mit großer Grundfläche. Mit kleineren Töpfen oder Kästen kommen Stauden und einjährige Pflanzen aus, jedoch sollten Seitenlänge und Tiefe der Gefäße nicht unter 20 cm liegen. Beim erstmaligen

Einpflanzen einer neu gekauften Pflanze wie auch beim Umtopfen gilt, dass das neue Behältnis seitlich zwischen Ballen der Pflanze und Gefäßrand 3–4 cm Platz für das Einfüllen des Substrats lassen sollte. Nach oben müssen einige Zentimeter für das Einfüllen des Gießwassers verbleiben. Der Pflanzballen wird mittig eingesetzt, das feuchte Substrat eingefüllt (ohne überirdische Pflanzenteile zu bedecken) und gut, aber nicht zu fest angedrückt. So wird für ein problemloses Anwachsen gesorgt. Abschließend ist die Pflanze gut zu wässern, wobei aber immer mit sanftem Strahl – also am

besten mit Brausekopfaufsatz – gegossen werden muss. Hierdurch lässt sich die Lockerheit und damit vor allem die gute Luftdurchlässigkeit der Topferde länger bewahren.

Düngen, aber richtig

Auch wenn das richtige Substrat gewählt wurde, lässt bei Kübelpflanzen die Nährstoffversorgung bald nach. Nahezu alle Pflanzen brauchen daher während der Vegetations- und Blütezeit regelmäßige Düngergaben, deren Häufigkeit von Pflanze zu Pflanze unterschiedlich ist. Als Faustregel sollte man alle 1–2 Wochen genau nach

In Tongefäßen kommen mediterrane Gewächse besonders gut zur Geltung.

Tipp!

Um nicht mit jedem Umtopfen ein größeres und schwereres Pflanzgefäß zu benötigen, sollte bei größeren Pflanzen vor dem Umpflanzen ein Wurzelschnitt vorgenommen werden. Dabei wird der Wurzelballen gleichmäßig auf allen Seiten mit einer scharfen Gartenschere um einige Zentimeter eingekürzt.

Um das Eindringen von Krankheitserregern zu verhindern, sind gerade Schnittflächen besonders wichtig. Beschädigte Wurzelteile müssen entfernt werden. Das Volumen des Wurzelballens sollte um nicht mehr als 1/5 verringert werden. Andernfalls ist durch Rückschnitt der oberirdischen Pflanzenteile für Ausgleich zu sorgen.

der jeweiligen Dosierungsanleitung düngen. Überdüngung kann, insbesondere bei jungen Pflanzen oder beim Austrocknen des Substrats, zum „Verbrennen" der Wurzeln führen. Mangel- oder Verbrennungserscheinungen an den Blättern weisen auf vorhandene Unter- oder Überversorgung mit Nährstoffen hin. Als Dünger wird, falls die Pflanze keine spezifischen Vorlieben hat, am besten ein wasserlöslicher organischer Volldünger bzw. ein fertiger Flüssigdünger verwendet.

Auch Kübelpflanzen benötigen Schnitt

Der Schnitt sorgt dafür, dass Pflanzen sich besser verzweigen, also einen dichteren, buschigeren Wuchs bekommen. Ferner können sie so in eine bestimmte Form gebracht werden (z. B. bei Lorbeer oder Bux). Dabei immer einige Millimeter oberhalb einer Knospe von dieser weg schneiden! Durch die Entfernung alter Blätter wird der Entstehung von Krankheiten vorgebeugt, das Abknipsen alter Blüten gibt der Pflanze mehr Kraft.

Das A und O – richtige Überwinterung

Für die Überwinterung gilt, dass möglichst alle als nicht völlig winterhart eingestuften Pflanzen in einen absolut frostfreien Raum verbracht werden sollten. Experimente, bei denen bedingt oder in milden Jahren winterharte Pflanzen draußen belassen und mit einem Kälteschutz versehen werden, führen leider oft zum Verlust der wertvollen Mittelmeerpflanze. Welche Räumlichkeiten sich eignen, hängt mit den Ansprüchen der jeweiligen Pflanzen zusammen. Grundsätzlich müssen eine ausreichende

Belichtung, eine Belüftungsmöglichkeit und eine dem Wuchs der Pflanzen angepasste Raumhöhe gewährleistet sein. Ein unbeheiztes Glasgewächshaus bietet Schutz vor allzu starken Frösten, ist aber für die Überwinterung der meisten mediterranen Kübelpflanzen nicht die richtige Wahl. Besser sind in jedem Fall Wintergärten, die Bestandteil des Wohnhauses sind, aber im Winter nicht als Aufenthaltsräume genutzt und nicht beheizt werden. Sie können in der Regel vom übrigen Wohnbereich abgetrennt werden. Hier finden die meisten Mitteelmeerpflanzen in der kalten Jahreszeit ein ihnen zusagendes Domizil. Unerlässlich ist aber eine

Bei Beachtung der wichtigsten Grundregeln können Sie sich lange an der Pflanzenpracht erfreuen.

Stimmt die Temperatur im Wintergarten, eignet er sich ausgesprochen gut zur Überwinterung helligkeitsliebender Gewächse.

regelmäßige Kontrolle der Raumtemperatur, um etwa Schädigungen der Pflanzen bei plötzlichen Kälteeinbrüchen zu vermeiden. Die ideale Lösung bietet die Installation eines automatischen Mechanismus, der bei Änderung der eingestellten Temperatur selbsttätig die Fenster zu den innenliegenden Räumen des Hauses öffnet. Der zum Einstellen der Pflanzen gewählte Raum darf insbesondere dann, wenn es sich um die einzige Überwinterungsmöglichkeit für alle Pflanzen handelt, weder zu kalt noch zu warm sein. Die ideale Temperatur liegt zwischen mindestens 5 °C und höchstens 15 °C. Die genauen Überwinterungsansprüche sind im übrigen von

Pflanze zu Pflanze sehr unterschiedlich und sollten am besten schon beim Kauf erfragt werden. Immergrüne und besonders sonnenliebende Pflanzen müssen hell stehen, während laubabwerfende, ruhebedürftige und stark zurückgeschnittene Pflanzen einen dunkleren Ort akzeptieren. Idealerweise kann diesen verschiedenen Ansprüchen natürlich durch verschiedene Überwinterungsräume Rechnung getragen werden. Doch lassen sich die Wünsche der einzelnen Gewächse auch bis zu einem gewissen Grad in einem Raum erfüllen, indem etwa lichtbedürftige Pflanzen beim Fenster, andere in dunkleren Raumecken platziert werden.

Pflegemaßnahmen im Winter

Im Winter muss – wenn auch zurückhaltender als im Sommer – ebenfalls regelmäßig gegossen werden. Nicht zuletzt zur Vermeidung von Schädlingsbefall ist für eine ausreichende (Stoß-)Lüftung zu sorgen. Ebenso müssen die Pflanzen besonders im Winterquartier immer wieder auf ihre Gesundheit hin kontrolliert werden, welke oder kranke Teile sollten schnellstmöglich entfernt und die Pflanzen in der Folgezeit aufmerksam beobachtet werden. Bei vorhandenem starken Befall sollte man biologische Spritzmittel einsetzen. Detailliert werden die Über-

Eine Auswahl möglicher Varianten für den Liebhaber stilvoller Terracotta-Gefäße.

winterungsansprüche und der Umgang mit den einzelnen Kübelpflanzen in der Spezialliteratur behandelt (siehe Seite 63).

Wenn überhaupt keine Überwinterungsräume zur Verfügung stehen, sollten besonders die gefährdeten Pflanzenteile (z. B. Veredlungsstellen) und die Gefäße mit einem gut wärmeisolierenden, aber – zum Schutz gegen Frostschäden – nicht zu saugfähigen Material dick umwickelt werden. Hierfür bieten sich etwa mehrschichtig gewickelte Bänder aus Kokosfaser und wasserabweisende Vliese an, die in Baumschulen oder im Gartenfachhandel angeboten werden. Plastikfolien sind hierfür nur bedingt geeignet, da sich unter ihnen

Feuchtigkeit sammelt und sie die Luftzirkulation behindern.

Die Töpfe müssen, wenn sie nicht ohnehin auf einem isolierenden Belag (z. B. Holzrost) stehen, durch untergeschobene Holzbretter o. Ä. gegen die Kälte geschützt werden. Schilfmatten und Nadelholzzweige können zusätzlichen Schutz – gegen Kaltwinde – bieten.

Terracotta – stilvoll und vielseitig

Wie man aus dem Beispiel vieler überzeugender Gärten weiß, kommt es nicht nur auf die richtige Auswahl der Pflanzen an, sondern auch auf deren stilvolle Präsentation. Pflanze und Gefäß müssen vor allem im mediterra-

nen Garten, der eine ganz besondere Atmosphäre besitzt, eine Einheit bilden. Nur so kann eine authentische Wirkung entstehen. Dafür eignen sich, dies sei gleich vorweg gesagt, bestimmte Materialien grundsätzlich nicht. Zwar haben Plastiktöpfe, -tröge und -kästen zunächst einmal den Vorteil des günstigeren Preises, wirken aber eben in ihrer Materialqualität zu billig und nicht mediterran. Dies gilt auch für die Exemplare, die in Farbe, Form und Muster Töpfe aus Ton und Terracotta nachahmen. Echte Tonbehältnisse sind hier eindeutig vorzuziehen und keineswegs unerschwinglich. Sie können ruhig einfach gestaltet, rund oder eckig, quadratisch oder länglich, schlicht oder mit

Ornamenten versehen, zu Amphoren oder Schalen geformt, naturbelassen oder farbig glasiert sein. Sollen die Gefäße im Winter im Freien bleiben, müssen sie absolut frosthart, d. h. bei besonders hohen Temperaturen gebrannt worden sein. Wenn es etwas ganz Besonderes sein soll, ist wiederum die bereits oben angesprochene, handgefertigte Tonware aus der Toskana oder der Provence an erster Stelle zu nennen.

Körbe und Kästen – die Leichtgewichte

Eine Alternative stellen Gefäße aus Holz dar, wobei allerdings immer auf die Vermeidung einer übermäßig rustikalen Ästhetik geachtet werden sollte. Mit Schnitzarbeiten etc. versehene Produkte tragen nicht zu einem mediterranen Gesamteindruck bei. Einfache hölzerne Kübel eignen sich durch ihr gegenüber dem Ton geringeres Gewicht sowie die oft angebrachten Tragegriffe jedoch gut zum Transport schwerer Pflanzen.

Weiterhin können auch Kübel und Kästen aus Metall eine Bereicherung für den mediterranen Garten sein. Als reizvollen, natürlich wirkenden Ersatz für Übertöpfe können runde oder eckige Körbe in den verschiedensten Größen dienen, die entweder beim Korbmacher oder im gut sortierten Fachhandel zu bekommen sind.

Um die aus dem Topfboden austretende Feuchtigkeit schnell abzuleiten, sollten die Körbe möglichst etwas erhöht gestellt werden. Untergeschobene Holzbretter reichen hierzu völlig aus. Gute Einrichtungs- und Gartenausstattungsfirmen bieten, wie auch aus den Abbildungen zu ersehen ist, eine breite Palette attraktiver Ge-

Klare Formen und einfache Ornamente: Tongefäße verschiedenster Größen, Formen und Farben, glasiert und unglasiert.

Üppige Wachstumsfülle in einem Terracotta-Gefäß.

Rankgerüste lassen die für Pflanzen auf Balkonen und Dachterrassen vorhandene Fläche nach oben wachsen.

Dachterrassen treten auch für viele Mittelmeergewächse extreme Standortbedingungen auf. Mit dauerhafter Sonneneinstrahlung und stauender Wärme kommen nicht alle Pflanzen zurecht, zumal sie sich meist in Gefäßen befinden und entsprechend schneller austrocknen. So lassen etwa „Fleißige Lieschen", obwohl sie ursprünglich aus tropischen Gegenden Südamerikas stammen, bei hohen Temperaturen schnell die Köpfe hängen. Diese spezifischen Bedingungen und die Lage des Balkons sollten schon bei der Auswahl der Bepflanzung berücksichtigt werden.

Sonderfall Dachterrasse

Während die meisten Balkone natürliche Platzgrenzen haben, kann auf Dachterrassen teilweise sogar ausreichend Erdreich für große Bäume wie die Platane aufgeschüttet werden! Großkronige Bäume wie dieser lassen wunderschöne Licht- und Schattenwirkungen entstehen, die das Sitzen auf der Terrasse zum Erlebnis werden lassen und den Sonnenschirm überflüssig machen. Voraussetzung dafür ist natürlich ein außerordentlich stabiler und absolut wasserdichter Aufbau

fäße aus verschiedenen Materialien an (Adressen vgl. Bezugsquellenverzeichnis).

Der Balkon als kleine Mittelmeer-Oase

Auch wenn eine sorgfältige Pflanzenauswahl und ein durchdachtes Konzept selbstverständlich immer notwendige Voraussetzungen für eine stimmungsvolle mediterrane Atmosphäre sind, so gilt dies für den meist recht kleinen Raum

eines Balkons in noch weit stärkerem Maße. Hier sind Ideen gefragt, die mit wenigen Kunstgriffen große Wirkung erzielen – zumal ja meist auch noch ein Tisch und einige Stühle Platz finden müssen. Im Folgenden seien deshalb einige Tipps aufgezählt, wie ein mediterraner Balkon entstehen und besser genutzt werden kann.

Problem Standort

Auf vielen nach Süden ausgerichteten Balkonen oder

Die Duft-Pelargonie macht mit ihrem aromatischen Duft den Aufenthalt auf Balkon und Terrasse zum Erlebnis für die Sinne

> **Tipp!**
> Um den vorhandenen Platz auf dem Balkon optimal auszunutzen, können Sie sich für viereckige Pflanzgefäße entscheiden, die sich nahtlos aneinanderrücken lassen.
> Durch versetztes Übereinanderstapeln kann man auf diese Weise platzsparende Pyramiden gestalten. Ihre beste Wirkung entfalten solche Konstruktionen, wenn man sie mit hängenden Pflanzen versieht.

der darunterliegenden Geschossdecke.

Ein nachahmenswerter „Kunstgriff" ist es, das normalerweise allgegenwärtige, „nicht-mediterrane" Umfeld etwas auszublenden. Dies kann mit einer dichten Bepflanzung wie z. B. einer gemischten, halbhohen Hecke im Balkonkasten – etwa mit Salbei und Lavendel – gelingen. Beide Pflanzenarten gedeihen zum einen in dieser meist besonnten Lage bei oft austrocknendem Boden sehr gut und vermitteln zum anderen beinahe die Illusion, sich in provencalischen oder italienischen Gefilden zu befinden. Die Höhe der Hecke reicht zur Abschirmung aus,

lässt aber dennoch genügend Licht hindurch gelangen, sodass keine Beschattung des Hausinneren auftritt. Beim Salbei ist zu beachten, dass seine oberirdischen Triebe – im Unterschied zu denen des verholzenden Lavendels – im Winter absterben.

Kräuter liefern nicht nur Speisezutaten, sondern lassen sich auch ausgezeichnet mit Blütenstauden kombinieren.

Ideen muss man haben

Unverzichtbar ist ein Mittelmeer-Kräutergarten, der ohne Probleme in einem Kasten oder mehreren Töpfen untergebracht werden kann. Echter Salbei, Rosmarin, Thymian und Basilikum sollten auf keinen Fall fehlen.
Auf dem begrenzten Raum des Balkons kommt es aber ganz besonders darauf an, die Pflanzgefäße mit Bedacht auszuwählen. Jedes unpassende Teil stört den Gesamteindruck ungleich mehr als in einem Garten. Um sich einen Hauch von Mittelmeerkreuzfahrt auf den Balkon zu holen, kann man auch Holzlattenroste

Ein Sitzplatz auf der Terrasse mit blauen Holzplanken bringt auch in unsere Breiten ein Stück mediterranes Lebensgefühl.

Sogar ein kleiner Nutzgarten lässt sich auf der Terrasse schaffen.

verlegen. Wenn sie unbehandelt sind, können sie zusätzlich in passenden Farben wie blau oder weiß gestrichen werden, aber auch das natürliche Vergrauen der unbehandelten Oberflächen hat durchaus seinen Reiz. Holzroste lassen sich ohne Schwierigkeiten aus – je nach Größe der Fläche – etwa 5–15 cm breiten Latten und einer unterseitig aufgeschraubten Konterlattung in allen benötigten Maßen selbst herstellen. Alternativ werden im Handel witterungsbeständige, fertig bearbeitete Lattenroste (z. B. in den Maßen 50 x 50 cm) angeboten, die beim Auslegen senkrecht zueinander ver-

setzt ausgerichtet werden können und so ein reizvolles Schachbrettmuster entstehen lassen (Lehenhof). Ein praktischer Vorteil von Holzrosten besteht ferner darin, dass sie wärmer und daher angenehmer zu begehen sind als etwa Steinböden. Zusätzlich bieten sie Tongefäßen im Winter besseren Schutz vor dem Auffrieren, da die Gefäße dann keinen direkten Kontakt mit dem darunterliegenden Stein- oder Tonboden haben. Dies hat bei Wohnungsbalkonen große Bedeutung, da hier ja selten die Möglichkeit besteht, mediterrane Kübelpflanzen im Haus zu überwintern.

Die besten Balkon- und Kübelpflanzen

Pflanzenname	Blüte	Blütezeit/ Fruchtreife	Verwendung/Hinweise
Agave (*A. americana*)		erst nach Jahrzehnten blühend	malerisch-bizarrer Habitus, scharfe Blattränder, vorsichtig gießen und düngen, hell und kühl überwintern
Brautmyrte	weiß	Sommer	in Wachstumszeit regelmäßig gießen und düngen, empfindlich gegen Staunässe und Ballentrocken-heit sowie zu kalkiges Gießwasser, hell und kühl überwintern
Duft-Pelargonie	meist weiß, rosa, hell-violett	Sommer	wunderbare, intensiv duftende Pflanze für verschiedenste Pflanzgefäße (je nach Art), zurückhaltender Wuchs
Echter Kapern-strauch	weiß	Sommer	braucht kalkreiche, durchlässige Substrate, frost-empfindlich, schön durch hängende Zweige, Früchte nutzbar
Erdbeerbaum	weiß	Winter	immergrün, wertvoll durch malerische Früchte, u. U. giftig, empfindlich gegen Austrocknung und Staunässe
Feige	unscheinbar	Blüte und Fruchtreife unregelm.	knorriger Wuchs, baldachinartige, handförmige Blätter, Früchte wohlschmeckend, im Sommer reich-lich gießen und düngen, verträgt einige Minusgrade
Granatapfelbaum (Ziersorten)	rot, gelb, weiß	Juli–August	glockenförmige Blüten, apfelähnliche Früchte, bis Juli reichlich gießen u. regelmäßig düngen, dann trockener halten, blüht am diesjährigen Holz, vor der Überwinterung Rückschnitt
Lagerstroemie	weiß, rosa, rot, violett	August–Oktober	braucht etwas Platz und warmen Standort zur Blütenentwicklung, empfindlich gegen Ballen-trockenheit und Staunässe, verträgt einige Minus-grade, vor dem Überwintern zurückschneiden
Oleander	rot bis rosa, weiß	Juni–September	auch in Einzelstellung, besonders vor weißen Mauern, anfällig für Schildlausbefall, giftig
Olivenbaum	unbedeutend	Fruchtreife Spätsommer	wertvoll durch Wuchs, Rinde und graugrüne Blätter, braucht etwas Platz
Orangenbaum	weiß	ganzjährig, Reife ab Spätsommer	zur Betonung von Mittelpunkts- und Durchgangs-situationen, als Solitär, braucht etwas Platz und viel Licht, frostempfindlich
Schmucklilie	blau, weiß	Juli–August	malerische Pflanze, überhängender Wuchs, mit Oleander und Bleiwurz, vor Wasserbecken
Silberährengras	gelblich	Juni–Oktober	dekorativ, schön mit Sträuchern, weiß und gelb blühenden Pflanzen, im Freien zu überwintern
Zierbanane			prächtiges Blattwerk, in der Wachstumszeit reichlich gießen und düngen, im Winter mäßig gießen (nicht ins Herz), verträgt Minusgrade

Der mediterrane Garten als Aufenthaltsraum

Sitzplätze stilvoll gestalten

Ist die Grundgestaltung des Gartens, die Auswahl der Pflanzen und die Verlegung des Pflasters erfolgreich bewältigt, stellt sich die Frage, mit welchen Möbeln und Accessoires der Garten und die Tage im Freien am intensivsten erlebt werden können. Statt, wie es oft geschieht, einfach zu irgendwelchen Plastikmöbeln zu greifen, sollte auch bei der Ausstattung eines stimmungsvollen mediterranen Gartens auf die Qualität des Designs und die Verwendung natürlicher Materialien geachtet werden, wenn man nicht nur einen unbefriedigenden Abglanz des südlichen Originals erhalten will. Die in diesem Kapitel enthaltenen Abbildungen zeigen eine Reihe hochwertiger Möbel und Ausstattungsteile für mediterrane Sitzplätze. Die zugehörigen Bestelladressen sind im Bezugsquellenverzeichnis auf den Seiten 62 und 63 aufgeführt.

Die Auswahl ist groß – Gartenmöbel

Viele schöne Gartenmöbel aus Massivholz überdauern viele Jahre im Freien, ohne dass man sie jemals ins Trockene geholt hätte. Der Klassiker unter den Hölzern, der nach wie vor am meisten verwendet wird, ist das tropische Teakholz. Dieses ist allerdings durch die hierfür oft erfolgte Abholzung der Tropenwälder in die Kritik geraten. Beim Kauf sollte möglichst darauf geachtet werden, dass das für die Möbelherstellung verwendete Holz zumindest aus Plantagenanbau stammt. Noch besser sind Möbel, die aus dem harten und ebenfalls sehr witterungsbeständigen Holz der europäischen Robinie gefertigt sind. Einige Hersteller geben Garantien, dass das von ihnen verarbeitete Holz aus nachhaltiger Bewirtschaftung stammt. Dies schließt u. a. ein, dass

Ein Mittelmeer-Sitzplatz mit viel Atmosphäre und typischem Mobiliar.

Ein stimmungsvoller sommerlicher Sitzplatz mit Palmen, Oleander und Engelstrompete.

Stühle, Tische und Schirm bilden einen appetitlichen Sitzplatz.

nur partiell Bäume entnommen und ökologische Bewirtschaftskriterien eingehalten werden. Bei manchen Holzmöbelherstellern wer-

Diese Wandleuchte aus Ton sorgt am Sitzplatz für eine schöne Abendstimmung.

den Holz- anstelle von Metallverbindungen eingesetzt. Dies schafft nicht nur eine Einheitlichkeit der Materialien, sondern verhindert gleichzeitig auch die Bildung von Rostschäden, die bei ganzjährig im Freien verbleibenden Möbeln zum Problem werden können. Einige gute Anbieter stellen sehr hochwertig gestaltete klappbare Massivholztische und -stühle her, die sich bestens transportieren lassen. Eine mediterrane Atmosphäre lässt sich natürlich auch mit geeigneten Möbeln aus Rattan- oder Weidengeflecht schaffen, wobei letzteres meist aus europäischer Produktion stammt. Jedoch

müssen diese Möbel zumeist gegen Witterungseinflüsse geschützt werden. Stapelbare Stühle mit Edelstahl- oder Aluminiumgestell und verschiedensten Geflechten sind teils zum Draußenlassen geeignet, können aber aufgrund ihres geringen Gewichts jederzeit problemlos unter einem Vordach in Sicherheit gebracht werden.

Sonnenschutz

Zur Vervollständigung einer Sitzgruppe unerlässlich sind stimmige Beschattungen und Schirme, deren Stoffe und Gestelle in Gestaltungs- und Materialqualität mit dem von Tisch und Stühlen

Beispiel einer einfachen, den Hauseingang beschirmenden Pergola, die mit Wein bewachsen ist.

Tipp!

Durch Pergolen überdachte und mit Pflanzen überwachsene Sitzplätze spenden lichten Schatten und mildern das Licht. Die gängigste Variante stellen heute Holzkonstruktionen dar, deren Teile aber möglichst einfach gearbeitet sein und nicht zu wuchtig wirken sollten. Gerade der mediterrane Garten lebt vom Eindruck der Leichtigkeit. Dunkel lasierte Hölzer sollten man vermeiden. Stattdessen kann man das Holz natürlich vergrauen lassen oder in weißen oder blauen Farbtönen streichen.

harmonieren sollten. Ein gut gestalteter und handwerklich sauber ausgeführter Schirm aus Holz mit einer Bespannung aus Naturstoffen muss dabei nicht zwangsläufig teurer sein als die überall angebotene Einheitsware. Vor große Probleme sieht man sich oft auch bei der Suche nach passenden Leuchten – etwa für Sitzplätze – gestellt, da viele Produkte weder der Forderung nach gutem Design noch der nach mediterraner Ausstrahlung völlig genügen. Die abgebildete Wandleuchte aus Terracotta (Seite 59) zeigt hingegen, wie gut sich doch ansprechende Gestaltung mit südlichem Charakter in Einklang bringen lässt.

Südliche Gartenräume schaffen

Die von einem mediterran gestalteten Garten ausgehende Faszination wird umso größer sein, je mehr es gelungen ist, ihn als Wohn- und Erlebnisgarten zu gestalten, je eher man Lust zum Verweilen an den verschiedenen Ecken und Plätzen bekommt, je mehr der Garten eben im wahrsten Sinne zum Lebensraum geworden ist. Raumbildende Konstruktionen wie Pergolen und Laubengänge spielen hierbei eine wichtige Rolle. Überwachsene Laubengänge variieren in gewisser Weise das Prinzip der Pergola, wobei hier aber nicht der Auf-

enthalt, sondern das Durchmessen der Wegstrecke und die optische „Sogwirkung" des Lichts am anderen Ende des Tunnels im Vordergrund stehen. Sie können als mit Kletterpflanzen bewachsene Konstruktionen aus Holz oder Metall, aber auch als „lebendige Tunnel" gebildet werden. Hierzu werden zu beiden Seiten eines Weges Gehölze gepflanzt, die durch Schnitt bogenförmigen Wuchs annehmen oder aber sich an eigens gezogenen, aus optischen Gründen notwendigerweise filigranen Hilfskonstruktionen aus Eisenstreben oder -drähten entsprechend der gewünschten Form ziehen lassen. Der Laubengang sollte so geplant werden, dass er dicht, aber nicht undurchdringlich wirkt, also noch die Strahlen des Sonnenlichts einfallen lässt. Pergolen ebenso wie Laubengänge können frei aufgestellt oder aber an die Wand eines Wohnhauses oder Nebengebäudes „angelehnt" werden. Diese Variante hilft zusätzlich, Baumaterial einzusparen, da dann nur eine Seitenwand und die Decken- bzw. Bogenkonstruktion erforderlich sind.

Hecken schaffen Räume

So wie ein Laubengang massive Bogengänge aus Mauerwerk nachahmt, so können durch beschnittene Hecken Aufenthaltsräume im Freien abgegrenzt werden.
Vor den so entstandenen Blätterwänden und in den „Raumecken" lassen sich als Blickfang schöne Bänke platzieren. Hierfür bieten sich Exemplare aus Holz, Stein oder mit gusseisernen Gestellen und Holzauflagen an. Auch hier gilt: Achten Sie bei der Auswahl der Möbel auf Materialqualität, Einfachheit und ein überzeugendes Design, wenn Sie lange Freude daran haben wollen.

Mit weißblühender Wisterie überwachsener Laubengang in Holz-Metall-Konstruktion.

Bezugsquellen- verzeichnis

Im Folgenden sind Anbieter und Unternehmen genannt, bei denen für den mediterranen Garten interessante Pflanzen und Produkte erworben bzw. bestellt werden können oder die Aufträge im Bereich Garten- gestaltung übernehmen. Großenteils handelt es sich dabei um Firmen, auf die im Text dieses Buches bereits hingewie- sen wurde.

Blumen an der Grotte
Blumen und Bücher
Inh. Cordula Lueg-Rau
Moorenweiser Str. 35
D – 82269 Geltendorf
Tel.: 08193-99 97 57
Fax: 08193-99 97 59

Camphill Werkstätten Lehenhof
U. a. witterungsbeständige Holz- klappmöbel und Holzlattenroste
D – 88693 Deggenhausertal
Tel.: 07555-8 01-0
Fax: 07555-80 11 35

Country Garden
Christel Plasa
Auf den Beeten 12
D – 72119 Ammerbuch
Tel.: 07073-23 72
Fax: 07073-72 26

Habitat Deutschland GmbH
Adressen Einrichtungshäuser:
– Schadow Arkaden, Berliner Allee 15, D – 40212 Düsseldorf,
 Tel.: 0211-86 50 90,
 Fax: 0211-13 50 14

– Neumarkt 12,
 D – 50667 Köln,
 Tel.: 0221-92 01 50 0
 Fax: 0221-92 01 50 15
– Neuer Wall 19,
 D – 20354 Hamburg,
 Tel.: 040-35 76 58 0
 Fax: 040-35 76 58 15
– Calwer Str. 33,
 D – 70173 Stuttgart,
 Tel.: 0711-22 27 90
 Fax: 0711-22 27 91 5
Adresse Katalogversand:
Postfach 5463
D – 65729 Eschborn
Tel.: 06196-93 06 34 2

Klaus Heim Baumschulen –
Staudengärtnerei – Garten- und Landschaftsbau; auch viele mediterrane Pflanzen
Kalterer Str. 10
D – 86165 Augsburg
Tel.: 0821-71 11 62
Fax: 0821-71 75 98

Hof Art Einrichtung
Holzgartenmöbel, Terracotta, Assecoires – Studioausstellung
Bahnhofstr. 16–18
D – 82269 Geltendorf
Tel.: 08193-95 02 63
Fax: 08193-95 07 83

Kölnberger GmbH
Gut Hausen
Antike Böden, Natursteinböden
Hausener Gasse
D – 52072 Aachen
Tel.: 0241-1 32 71 oder 017224-1 32 71
Fax: 0241-17 52 55

Mario Mariani
Artigiano Terrecotte
Hochwertige Platten und Gefäße aller Größen aus Terracotta
Via Cappello, 29
I – 50023 Impruneta
(Firenze)
Tel.: 0039-055-2 01 19 50
Fax: 0039-055-2 01 11 32
(Für Nicht-Italienischkundige empfiehlt es sich, Anfragen und Bestellungen per Fax an das Unternehmen zu richten)

Münzenloher
Einrichtung – Gestaltung – Handwerk
Alte Säulen, Becken u. a. Garten- ausstattung, alte und neue Möbel, Einrichtungsplanung
Furt 1
D – 84405 Dorfen
Tel.: 08081-571
Fax: 08081-18 40

Naturstein Vonderhecken
Natursteinhandel, Pflaster- betrieb, antikes Baumaterial und Marmorwerk
Aachener Str. 39
B – 4731 Eynatten
Tel.: 0032-87-86 66 40
Fax: 0032-87-85 22 34

Provence Retrouvée
Matériaux anciens
Antike Baumaterialien, Säulen, Gefäße, Brunnen u.v.m.
Route d'Apt
F – 84800 L' Isle sur la Sorgue
Tel.: 0033-4 90 38 52 62

Sapristi Möbel
Antje Salup
Mobiliar für drinnen und
draußen aus Robinienholz
Hauptstr. 14
D – 55595 Wallhausen
Tel.: 06706-60 18
Fax: 06706-16 80

Terra Cotta Handels-GmbH
Exklusive Baustoffe aus Ton
Objektberatung – Werkslager
für Cotto
Starzelstr. 38–40
D – 72412 Rangendingen
Tel.: 07471-98 22 2
Fax: 07471-98 22 4

Terres Cuites de Légrin
Tonplatten, Kacheln
Zone de Légrin
Route de Saint-Gilles
F – 30132 Caissargues
Tel.: 0033-4 66 38 38 22
Fax: 0033-4 66 38 38 21

Unopiu Deutschland
Möbel, Einrichtungsbedarf,
Gartenausstattung
Am Dornbusch 24–26
D – 64390 Erzhausen
Tel.: 06150-97 53-0
Fax: 06150-99 09 83

Alain Vagh Céramique
Platten, Fliesen, Keramik aus Ton
Route d'entrecasteaux
F – 83690 Salernes
Tel.: 0033-4 94 70 61 85
Fax: 0033-4 94 67 52 78
Tel. Vertretung Berlin:
030-3 15 24 78

**Weishäupl Möbelwerkstätten
GmbH**
Neumühlweg 9
D – 83071 Stephanskirchen
Tel.: 08036-90 68-0
Fax: 08036-12 56

Literaturverzeichnis

Sophie Bajard/Raffaello Bencini:
Villen und Gärten der Toskana.
Paris 1992.

Hellmut Baumann:
**Die griechische Pflanzenwelt in
Mythos, Kunst und Literatur.**
München 1982.

Frank Richard Cowell:
**Gartenkunst. Von der Antike
bis zur Gegenwart.**
Stuttgart und Zürich 1979.

Fritz Encke:
Kübelpflanzen.
Geschichte, Herkunft, Pflege.
Augsburg 1995.

Heidi Gildemeister:
Mediterranes Gärtnern.
Mit wenig Wasser ein blühendes
Paradies.
Berlin 1997.

Johann Wolfgang Goethe:
Italienische Reise.
Frankfurt a. M. 1976.

Halina Heitz:
Balkon und Kübelpflanzen.
München 1991.

P. Hobhouse/P. Taylor (Hg.):
Gärten in Europa.
Stuttgart 1992.

W. Kawollek/D. Mierswa:
**Wintergärten richtig bauen,
nutzen und genießen.**
2., durchges. u. korr. Aufl.,
Augsburg 1997.

Max Kirschner:
Wege, Terrassen und Sitzplätze
mit Klinker, Holz und Naturstein
selbst anlegen. Augsburg 1999.

Peter Klock:
Pflanzen für den Wintergarten.
München 1992.

Johannes Kreuzer:
Kreuzers Gartenpflanzen-Lexikon.
Band 5.
Tittmoning 1987.

Rainer W. Kuhnke:
**Südliche Stimmung für heimische
Gärten.**
München 1999.

Angelika Taschen (Hg.):
**Gärten in der Provence und an
der Côte d'Azur.**
Köln 1998.

Christopher Thacker:
Die Geschichte der Gärten.
Zürich 1979.

Verlagsgesellschaft „Grün ist
Leben" Baumschulen (Hg.):
BdB Handbuch, Teil I–IX, 11 Bde.
Pinneberg 1998.

Register

Bildnachweis

Bader: Seite 23u.; Country Garden: Seite 1, 5,
11 u., 15, 58; Thomas Drexel: Seite 7, 8, 9, 11 o.,
12, 13 o., 14 o., 17, 18, 19 u., 20, 23 o., 33, 25 o.
und u., 26 o. und u., 27, 31, 32, 33 o., 34, 40 o.,
44, 46 o. und u., 51, 53 l., 55 o., 56 l., 60; 64
o.l., 64 o.r., 64 u.; Frank Hecker: Seite 2, 18,,
29, 35 u., 36 o. und u., 37 o., 38 o. und u., 48;
E. Hohenberger: Seite 33 u.; Petra Jarosch:
Seite 14 u.; Pötschke: Seite 37 u.; Wolfgang
Redeleit: Seite 6, 13 u., 19 o., 28, 30 o. und u.,
35 o., 40 u., 41, 42, 43, 45, 47, 49, 53 r., 55 u.,
56 r.; Agentur Steffan & Steffan: Seite 10;
Uno Piu: seite 21, 52, 54, 61